초대하는 말

말이 우쭐우쭐 살아나면 삶도 덩실덩실 살아납니다!

말은 사람들 사이를 떠돌아다닙니다. 이 사람에게 저 사람으로, 이곳에서 저곳으로 옮겨 다니며 뜻을 이어 줍니다. 사람들이 살아 움직이니 말도 살아서 움직입니다. 꿈틀꿈틀 넓게 퍼지기도 하고, 저 먼 곳으로 쏜살같이 날아가기도 합니다. 사람들은 말을 바탕으로 삼아 노래를 부르고 놀이도 하고 이야기도 나눕니다. 말이 우쭐우쭐 살아나면 사람들 삶도 덩실덩실 살아나고, 나눌 말이 없어지면 삶도 맥없이 사그라듭니다. 삶과 말은 떼어 놓을 수가 없습니다.

말은 소리, 글자, 전자라는 그릇에 뜻을 싣습니다. 뜻을 소리에 실으면 입말이 되고, 글자에 실으면 글말, 전자에 실으면 전자말이 됩니다. 입말은 입 밖에 뱉어 놓으면 금세 사라지지만 대신 높낮이, 속도, 몸짓을 곁들일 수 있어서 뜻을 헤아리기 좋습니다. 글말은 오래 남겨 둘 수 있지만 입말처럼 몸짓이나 표정을 드러내 보일 수가 없습니다. 종이에 쓴 글자만으로는 말하는 사람의 느낌이나 생각을 읽어 내기가 쉽지 않지요. 그래서 정확하게 쓰려고 애를 쓰게 됩니다. 글말 말본(문법)이 생겨난 까닭입니다.

글말 말본 중에 하나가 띄어쓰기입니다. 띄어쓰기가 잘 된 글은 읽기가 쉽습니다. 뜻을 빠르게 헤아릴 수 있지요. 말과 글을 가르치는 학교에서도 당연히 띄어쓰기를 가르치게 되었습니다. 원리를 세우고 규칙도 만들었습니다. 그렇지만 살아 움직이는 말, 자꾸만 달라지는 말을 하나의 말본으로 묶기가 어렵습니다. 이치에 맞지 않는 것도 있고, 규칙에 어긋나는 것도 생겼습니다. 무엇보다 어려워졌습니다. 오랫동안 학교에서 배운 어른들도 틀리기 일쑤입니다. "띄어쓰기는 붙여 쓰고, 붙여 쓰기는 띄어 쓴다."는 사람이 생겨날 정도로 헷갈리기도 합니다. 지금은 '붙여쓰기'가 하나의 낱말이라서 붙여 쓰지만 얼마 전까지만 해도 두 개의 낱말로 보아 띄어 써야 했거든요. '남몰래'는 붙여 쓰는데, '엄마 몰래'나 '선생님 몰래'는 띄어 씁니다. 또 '오이밭', '고추밭', '마늘밭'은 붙여 쓰는데 '가지 밭'은 띄어 써야 합니다. "풀이말이 이어 나오면 띄어 쓴다."고 했다가 '먹어 보다' 같은 것은 붙여 써도 된다고 합니다. '도와주다'는 하나의 낱말이라서 반드시 붙여 쓰라고 합니다.

가르치는 사람도 헷갈리기 십상이라 언젠가부터 띄어쓰기를 잘 안 가르치게 되었습니다. 띄어쓰기 이야기만 나오면 괜히 주눅이 들기도 합니다. 그러다 보니 말과 글을 가르치는 학교에서도 눈여겨보지 않게 되었습니다. 우리말 말본인데 이래도 되나 싶습니다.

그렇다면 말본은 왜 배워야 하는 걸까요? 잘 살기 위해서입니다. 사람들과 어울려 잘 살아가기 위해서는 느낌과 생각을 서로 나누어야 합니다. 사람 입에 들어가서 목숨이 되는 밥도 그릇이 있어야 나눌 수 있듯이 느낌과 생각도 '말'이라는 그릇이 있어야 합니다. 한자말로는 '매체'라고 하고, 영어로는 '미디어'라고 하지요. 말은 곧 그릇입니다.

그릇이 되는 말을 잘 부려 쓰기 위해서 말본을 배웁니다. 말을 잘 부려 쓰려면 규칙을 외우는 것보다는 우리말의 생김새를 잘 알아야 합니다. 우리말 생김새를 알고 나면 수많은 말본 규칙을 하나로 꿰뚫는 원리도 함께 깨치게 됩니다.

우리말은 뜻을 담고 있는 낱말과 뜻이 잘 이어지도록 돕는 토씨(조사)나 씨끝(어미)으로 되어 있습니다. '사자, 호랑이, 달리다, 예쁘다' 같은 것은 뜻을 담고 있으니 낱말이고, '-은, -는, -이, -가, -이다, -까' 같은 것은 토씨와 씨끝입니다.

낱말은 뜻을 담고 있으니 뜻이 서로 겹치지 않게 띄어 씁니다. '사자호랑이만두먹다잠자다' 같이 낱말끼리 서로 붙어 있으면 무슨 말을 하려는지 알 수 없기 때문입니다. 무슨 암호 같아서 풀이하는 데도 시간이 많이 걸립니다. 이럴 때 토씨를 붙여서 낱말의 뜻을 돕습니다. "사자와 호랑이가 만두를 먹다가 잠을 잔다."라고 하면 낱말의 뜻이 뚜렷해집니다. 토씨와 씨끝은 낱말의 뜻을 돕는 구실을 하기 때문에 낱말에 붙여 씁니다.

수많은 띄어쓰기 규칙은 낱말과 토씨로 이루어진 우리말 생김새에 따라 정했습니다. 크게 두 가지 원리로 묶을 수 있습니다. 첫 번째가 낱말과 낱말은 띄어 쓰는 것이고, 두 번째가 토씨와 씨끝은 낱말에 붙여 쓰는 것입니다. 다른 규칙들은 그것을 낱말로 볼 것인지 토씨로 볼 것인지 정해 주는 것입니다. 낱말 두 개가 붙어서 이루어진 겹낱말이 하나의 낱말인지, 성과 이름을 하나의 낱말로 볼 것인지, 풀이말 두 개가 이어 나오면 붙여 쓸 것인지 말 것인지는 모두 이 두 가지 원리 안에 담깁니다.

그동안 우리말 말본 교육의 가장 큰 문제가 원리보다는 규칙을 외우는 데 더 많은 힘을 쏟았다는 것입니다. 말본은 말의 본을 보이는 것입니다. 왜 그렇게 되었는지 모두 원리가 숨어 있는데, 원리는 빼놓고 규칙만 외우게 하니 지루하고 힘들기만 합니다.

그래서 《문해력 기초를 확 잡아 주는 초등 띄어쓰기》를 내놓게 되었습니다. 이 책은 이런저런 규칙을 일방적으로 가르치지 않습니다. 아이들 스스로 익히다 보면 왜 띄어 써야 하는지 저절로 원리를 생각할 수 있도록 꾸렸습니다. 말의 생김새와 원리를 알고 나면 띄어쓰기에 대한 내 생각도 자라날 수 있습니다. 생각이 곧게 서 있으니 띄어쓰기 규칙에도 주눅 들지 않을 겁니다. 그런 아이로 자라나면 좋겠다고 생각하며 책을 엮었습니다.

말은 사람들 사이를 이어 줍니다. 아이들이 이 책으로 말의 속살을 들여다보고, 말본의 원리를 깨치며, 힘차게 살아온 제 삶을 온 세상 사람들과 이을 수 있기를 바랍니다.

김강수 신은경 조배식

이 책의 활용법

띄어쓰기는 왜 할까요? 말은 사람들 사이를 이어 줍니다. 입말은 가까이 있는 사람들을 이어 주고, 글말은 멀리 있는 사람들까지도 이어 줍니다. 입말은 소리를 낼 때 잠깐씩 쉬어 가기 때문에 낱말의 뜻을 쉽게 알아차릴 수 있습니다. 글말에서는 무턱대고 붙여 쓰면 낱말에 담긴 뜻을 헤아리기 어렵지요. 띄어쓰기가 잘 된 글은 읽기가 쉽고 뜻을 빠르게 이해할 수 있습니다. 이 책을 통해 띄어쓰기의 원리를 차근차근 익혀 보세요. 외우지 않고 스스로 익히다 보면 왜 띄어 써야 하는지 저절로 원리를 깨칠 수 있어요. 자, 지금부터 시작해 보세요.

① 띄어쓰기, 딱 두 가지 원리만 알면 끝!

띄어쓰기 원리는 **딱 두 가지**입니다.
다른 복잡해 보이는 규칙도 이 두 가지 원리에서 나옵니다.

> **하나**
> **낱말**과 **낱말**은 띄어 쓴다.

> **둘**
> **토씨(조사)**와 **씨끝(어미)**은 앞 말에 붙여 쓴다.

② 띄어쓰기, 나도 잘 할 수 있어요!

> **하나** 많이 읽고 많이 씁니다.

책을 많이 읽다 보면 띄어쓰기 규칙을 알지 못해도, 어디에서 띄어 쓰는지 몸에 익게 됩니다. 글을 쓰게 되면 띄어쓰기를 마음에 의식하게 됩니다. 자주 읽고 쓰다 보면 띄어쓰기가 저절로 몸에 익게 됩니다.

> **둘** 우리말 생김새를 잘 파악합니다.

우리말 생김새는 낱말과 토씨로 이루어져 있습니다. 낱말은 뜻을 담고 있으니 뜻이 서로 겹치지 않게 띄어 씁니다. 토씨는 낱말의 뜻을 돕는 구실을 하니까 낱말에 붙여 씁니다. 사전을 자주 찾아보면 우리말 생김새를 잘 알게 됩니다.

> **셋** 규칙을 알고 스스로 익혀 봅니다.

규칙을 하나하나 익히다 보면 띄어쓰기 원리를 깨칠 수 있습니다. 원리를 깨치고 나면 띄어쓰기에 대한 내 생각이 생겨납니다. '이렇게 하지 말고 저렇게 하면 더 쉽고 좋을 텐데.' 하는 생각이 저절로 들게 됩니다. 우리말에 대한 내 생각의 폭이 넓어지고 깊어집니다.

③ 띄어쓰기, 이렇게 공부해요!

- **띄어쓰기 규칙입니다.**
  어떤 규칙인지 확인해요.

- **재미있게 만화를 읽어요.**
  읽으면서 앞으로 배울 내용을 짐작해 보아요.

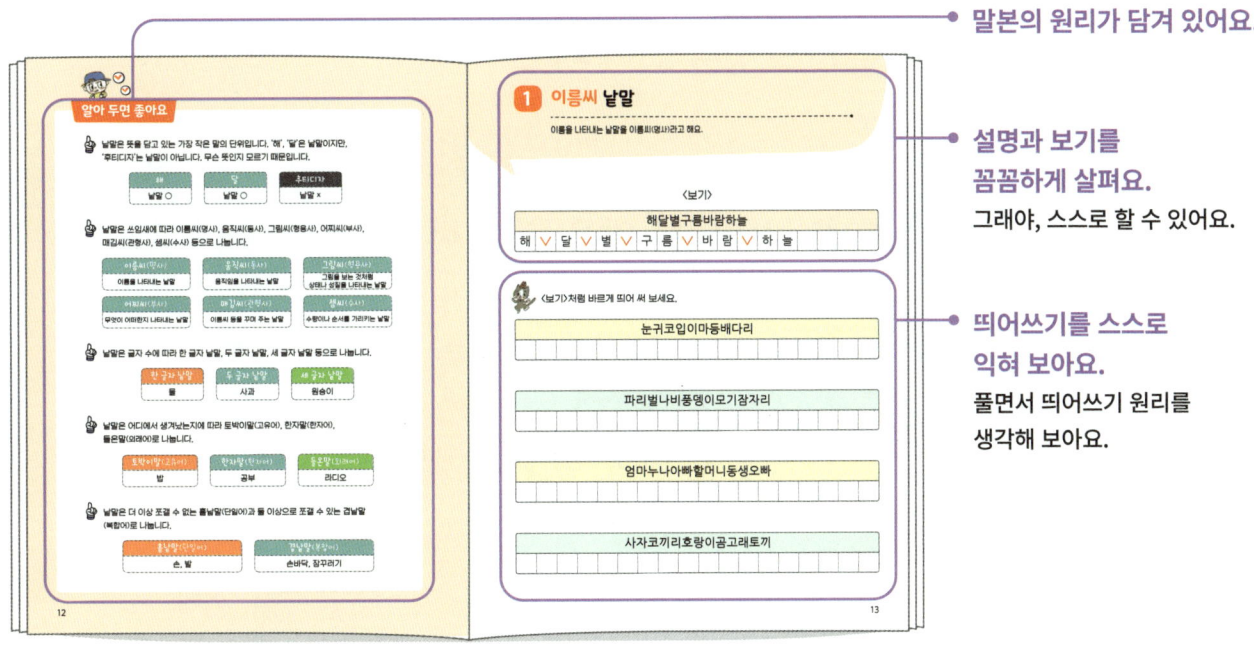

- **말본의 원리가 담겨 있어요.**

- **설명과 보기를 꼼꼼하게 살펴요.**
  그래야, 스스로 할 수 있어요.

- **띄어쓰기를 스스로 익혀 보아요.**
  풀면서 띄어쓰기 원리를 생각해 보아요.

차례

초대하는 말 ……………………………… 2

이 책의 활용법 ………………………… 4

띄어쓰기 규칙 1
낱말과 낱말은 띄어 써요 ……………… 10

띄어쓰기 규칙 2
토씨는 앞 말에 붙여 써요 …………… 20

띄어쓰기 규칙 3
성과 이름은 붙여 써요 ………………… 30

띄어쓰기 규칙 4
이름과 호칭은 띄어 써요 ……………… 36

띄어쓰기 규칙 5
단위를 나타내는 말은 띄어 써요 …… 44

띄어쓰기 규칙 6
홀로 쓸 수 없는 낱말은 띄어 써요 …… 54

띄어쓰기 규칙 7
이어 주는 낱말은 띄어 써요 …………… 62

띄어쓰기 규칙 8
한 글자 낱말은 붙여 쓸 수 있어요 …… 70

띄어쓰기 규칙 9
풀이말이 이어 나올 때는 띄어 써요 …… 76

띄어쓰기 규칙 10
겹낱말은 붙여 써요 ………………………… 92

띄어쓰기 규칙 11
더 알아 두면 좋은 띄어쓰기 …………… 112

정답 ……………………………………… 121

띄어쓰기 규칙 1

낱말과 낱말은 띄어 써요

알아 두면 좋아요

👆 낱말은 뜻을 담고 있는 가장 작은 말의 단위입니다. '해', '달'은 낱말이지만, '후티디자'는 낱말이 아닙니다. 무슨 뜻인지 모르기 때문입니다.

해	달	후티디자
낱말 ○	낱말 ○	낱말 ×

👆 낱말은 쓰임새에 따라 이름씨(명사), 움직씨(동사), 그림씨(형용사), 어찌씨(부사), 매김씨(관형사), 셈씨(수사) 등으로 나눕니다.

이름씨(명사)	움직씨(동사)	그림씨(형용사)
이름을 나타내는 낱말	움직임을 나타내는 낱말	그림을 보는 것처럼 상태나 성질을 나타내는 낱말

어찌씨(부사)	매김씨(관형사)	셈씨(수사)
무엇이 어떠한지 나타내는 낱말	이름씨 등을 꾸며 주는 낱말	수량이나 순서를 가리키는 낱말

👆 낱말은 글자 수에 따라 한 글자 낱말, 두 글자 낱말, 세 글자 낱말 등으로 나눕니다.

한 글자 낱말	두 글자 낱말	세 글자 낱말
물	사과	원숭이

👆 낱말은 어디에서 생겨났는지에 따라 토박이말(고유어), 한자말(한자어), 들온말(외래어)로 나눕니다.

토박이말(고유어)	한자말(한자어)	들온말(외래어)
밥	공부	라디오

👆 낱말은 더 이상 쪼갤 수 없는 홑낱말(단일어)과 둘 이상으로 쪼갤 수 있는 겹낱말(복합어)로 나눕니다.

홑낱말(단일어)	겹낱말(복합어)
손, 발	손바닥, 잠꾸러기

1 이름씨 낱말

이름을 나타내는 낱말을 이름씨(명사)라고 해요.

〈보기〉

해달별구름바람하늘
해 ∨ 달 ∨ 별 ∨ 구 름 ∨ 바 람 ∨ 하 늘

〈보기〉처럼 바르게 띄어 써 보세요.

눈귀코입이마등배다리

파리벌나비풍뎅이모기잠자리

엄마누나아빠할머니동생오빠

사자코끼리호랑이곰고래토끼

2 움직씨 낱말

움직임을 나타내는 낱말을 움직씨(동사)라고 해요.

<보기>

가다오다자다달리다걷다

| 가 | 다 | V | 오 | 다 | V | 자 | 다 | V | 달 | 리 | 다 | V | 걷 | 다 | | | |

<보기>처럼 바르게 띄어 써 보세요.

먹다입다자다오다쓰다뛰다

숨쉬다기다리다그리다멈추다

마르다불다쬐다자라다뜨다

보다듣다서다먹다밀다주다

3 그림씨 낱말

그림을 보는 것처럼 상태나 성질을 나타내는 낱말을 그림씨(형용사)라고 해요.

〈보기〉

곱다착하다즐겁다슬프다

| 곱 | 다 | ∨ | 착 | 하 | 다 | ∨ | 즐 | 겁 | 다 | ∨ | 슬 | 프 | 다 | | | | |

〈보기〉처럼 바르게 띄어 써 보세요.

아프다좋다예쁘다아름답다

| | | | | | | | | | | | | | | | | | |

파랗다노랗다빨갛다검다하얗다

| | | | | | | | | | | | | | | | | | |

있다없다같다다르다낫다

| | | | | | | | | | | | | | | | | | |

빠르다높다낮다길다무겁다

| | | | | | | | | | | | | | | | | | |

4 어찌씨 낱말

무엇이 어떠한지 나타내고, 주로 풀이말을 꾸며 주는 낱말을 어찌씨(부사)라고 해요.

<보기>

매우일찍가끔파릇파릇딸랑딸랑
매	우	V	일	찍	V	가	끔	V	파	릇	파	릇	V	딸	랑	딸	랑

<보기>처럼 바르게 띄어 써 보세요.

만일함께훨씬아까어서별로

사뿐사뿐졸졸아장아장푸드득

그리고그러나따라서그러므로

멀리가장제대로빨리천천히

5 홑낱말

더 이상 쪼갤 수 없는 낱말을 홑낱말이라고 해요.

<보기>

밥가다아버지작다길다매우										
밥	V	가 다	V	아 버 지	V	작 다	V	길 다	V	매 우

<보기>처럼 바르게 띄어 써 보세요.

손바닥돼지코소리치다사랑

노래하다꾸밈없다마음먹다

파도치다마음놓다봄바람손

마당발기와집좀더돌다리

6 겹낱말

둘 이상으로 쪼갤 수 있는 낱말을 겹낱말이라고 해요.
겹낱말은 하나의 낱말이므로 붙여 씁니다.

〈보기〉

굳은살개밥잠꾸러기날아가다														
굳	은	살	∨	개	밥	∨	잠	꾸	러	기	∨	날	아	가	다

〈보기〉처럼 바르게 띄어 써 보세요.

손바닥돼지코소리치다사랑스럽다

노래하다꾸밈없다마음먹다비빔밥

파도치다마음놓다봄바람손금

마당발기와집돌다리오래오래

가로 열쇠와 세로 열쇠를 읽고 낱말을 맞춰 가며 퍼즐을 풀어 보세요.

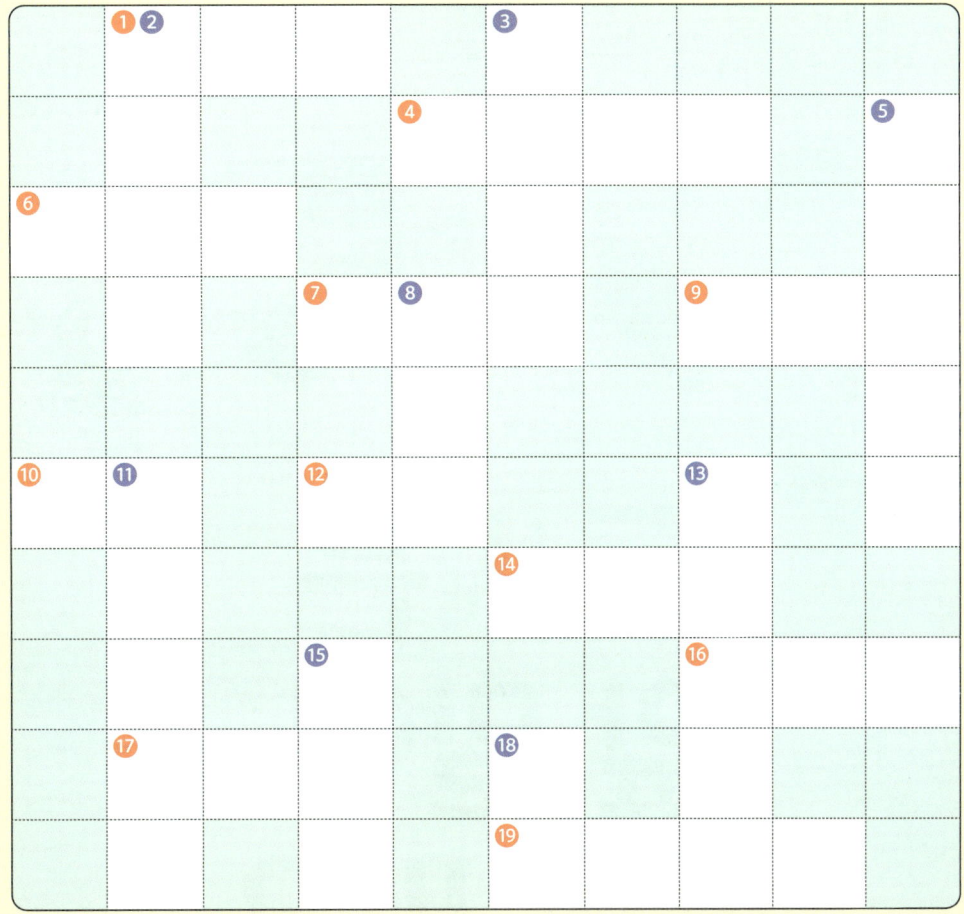

가로 열쇠

1. 깜찍하게 생긴 사람을 귀엽게 이르는 말.
4. 위로 올려붙인 머리.
6. 봄에 피는 노란 꽃으로, 들에 저절로 나는 나리를 통틀어 이르는 말.
7. 집에서 많이 기르는 동물. 발톱을 자유롭게 감추거나 드러낼 수 있으며, 눈은 어두운 곳에서도 잘 볼 수 있음. 책 제목에 '장화 신은 ○○○'가 있음.
9. 남의 말을 듣고 그대로 받아들이지 아니하고, 그 자리에서 자신의 의사를 나타냄.
10. 집안의 맏이가 사는 집.
12. 쌀로만 쑨 죽으로, 색깔로 맞춰 볼 수 있음.
14. 여름 중에 한창 더운 시기.
16. 어금니가 다 난 뒤 성년기에 맨 안쪽 끝에 새로 나는 작은 어금니.
17. 가는 원통형으로 길게 뽑은 흰떡.
19. 우리말 중에서 고유어만을 이르는 말.

세로 열쇠

2. 깜깜하게 전혀 모르는 상태.
3. 살림을 차려서 사는 일.
5. 심술이 매우 많은 사람을 귀엽게 이르는 말.
8. 양의 가죽. 흉악한 본성을 숨기기 위하여 겉으로 순하고 착한 것처럼 꾸미는 것을 보고 ○○○을 썼다고 함.
11. 엄지손가락과 가운뎃손가락 사이에 있는 둘째 손가락.
13. 사다리 모양에 매달려 오고 가도록 만든 놀이용 기구.
15. 한 개의 씨눈에서 나온 두 개의 떡잎.
18. 새로 나온 어린 순.

띄어쓰기 규칙

2

토씨는
앞 말에
붙여 써요

알아 두면 좋아요

👉 토씨와 씨끝은 낱말에 붙어서 그 말을 도와주는 낱말입니다.

👉 토씨는 조사의 우리말 이름으로 오래전부터 써 온 말입니다.
지금도 "토씨 하나 틀리지 않는다."라거나 "말끝마다 토씨를 달다." 같이 쓰고 있는데, 낱말에 딸린 말이라는 것을 알 수 있습니다.

👉 토씨는 홀로 쓸 수 없기 때문에 앞 말에 붙여 씁니다.
씨끝(어미)도 줄기(어간)에 붙여 씁니다.

> 예 동생이 ∨ 잔다.
>   토씨   씨끝

👉 토씨는 자리토씨(격조사), 이음토씨(접속조사), 도움토씨(보조사)로 나뉩니다.

자리토씨	예 친구가 ∨ 간다.
이, 가, 을, 를, 이다	토씨 씨끝

이음토씨	예 곰과 ∨ 사자가 ∨ 잔다.
와/과, 하고, (이)랑	토씨 토씨 씨끝

도움토씨	예 하루만 ∨ 더 ∨ 쉬고 ∨ 싶다.
는, 만, 마저	토씨 씨끝

1 자리토씨

자리토씨(격조사)는 앞 낱말, 임자말(체언)이나 풀이말(용언)의 자리를 잡아 주는 토씨입니다.
'이, 가, 을, 를, 이다' 등이 있습니다.

〈보기〉

토끼가잠을잔다.																
토	끼	가	∨	잠	을	∨	잔	다	.						

네가하늘이라면나는바람이다.																
네	가	∨	하	늘	이	라	면	∨	나	는	∨	바	람	이	다	.

〈보기〉처럼 바르게 띄어 써 보세요.

호랑이가먹이를쫓는다.

영희야할머니께서집으로가셨다.

누가바다에서소금을만드는것일까?

 <보기>처럼 바르게 띄어 써 보세요.

파란고추가빨갛게익어가고있다.

해님이동쪽하늘에서솟아오른다.

철이가가방을메고학교로간다.

저기도둑을쫓는사람이경찰이다.

낱말 놀이

낱말을 바르게 쓴 것에 동그라미 하세요.

- 내 동생은 나보다 (덩치 / 등치)가 큽니다.
- 강아지 눈에 (눈곱 / 눈꼽)이 끼었어요.

2 이음토씨

이음토씨(접속조사)는 낱말과 낱말을 같은 자리로 이어 주는 토씨입니다.
'와/과, 하고, (이)랑' 등이 있습니다.

〈보기〉

엄마랑아빠랑함께여행을떠난다.

| 엄 | 마 | 랑 | ∨ | 아 | 빠 | 랑 | ∨ | 함 | 께 | ∨ | 여 | 행 | 을 | ∨ | 떠 | 난 | 다 | . |

동물원에가면곰과사자와뱀이있다.

| 동 | 물 | 원 | 에 | ∨ | 가 | 면 | ∨ | 곰 | 과 | ∨ | 사 | 자 | 와 | ∨ | 뱀 | 이 | ∨ | 있 | 다 | . |

〈보기〉처럼 바르게 띄어 써 보세요.

한라산과지리산은높은산이다.

산이며바다며모두오염되었다.

철수랑보미랑어릴때부터친구이다.

 <보기>처럼 바르게 띄어 써 보세요.

바다에는멸치와오징어가산다.

천둥에다번개까지몰아쳤다.

총이며칼이며모두없애야한다.

고기에다나물에다실컷먹었다.

이제는나도너와함께학교에간다.

형이랑동생이랑함께영화를본다.

3 도움토씨

도움토씨(보조사)는 앞 낱말의 뜻을 더해 주는 토씨입니다.
'는, 만, 마저' 등이 있습니다.

〈보기〉

| 마지막잎새마저떨어지고말았다. |
| 마 | 지 | 막 | ∨ | 잎 | 새 | 마 | 저 | ∨ | 떨 | 어 | 지 | 고 | ∨ | 말 | 았 | 다 | . |

| 너조차 날마다여기까지왔구나. |
| 너 | 조 | 차 | ∨ | 날 | 마 | 다 | ∨ | 여 | 기 | 까 | 지 | ∨ | 왔 | 구 | 나 | . |

 〈보기〉처럼 바르게 띄어 써 보세요.

| 너도학생이고보미도학생이다. |

| 오늘은날씨도화창하고따뜻하다. |

| 이는튼튼한데잇몸이아픕니다. |

 <보기>처럼 바르게 띄어 써 보세요.

하루만실컷놀면좋겠다.

목이마른데물이나한잔마실까?

이제는공기마저오염되었다.

곰은커녕새끼도하나안보인다.

휴일마다일찍산으로올라간다.

라면도먹고밥까지먹었다.

가로 열쇠와 세로 열쇠를 읽고 낱말을 맞춰 가며 퍼즐을 풀어 보세요.

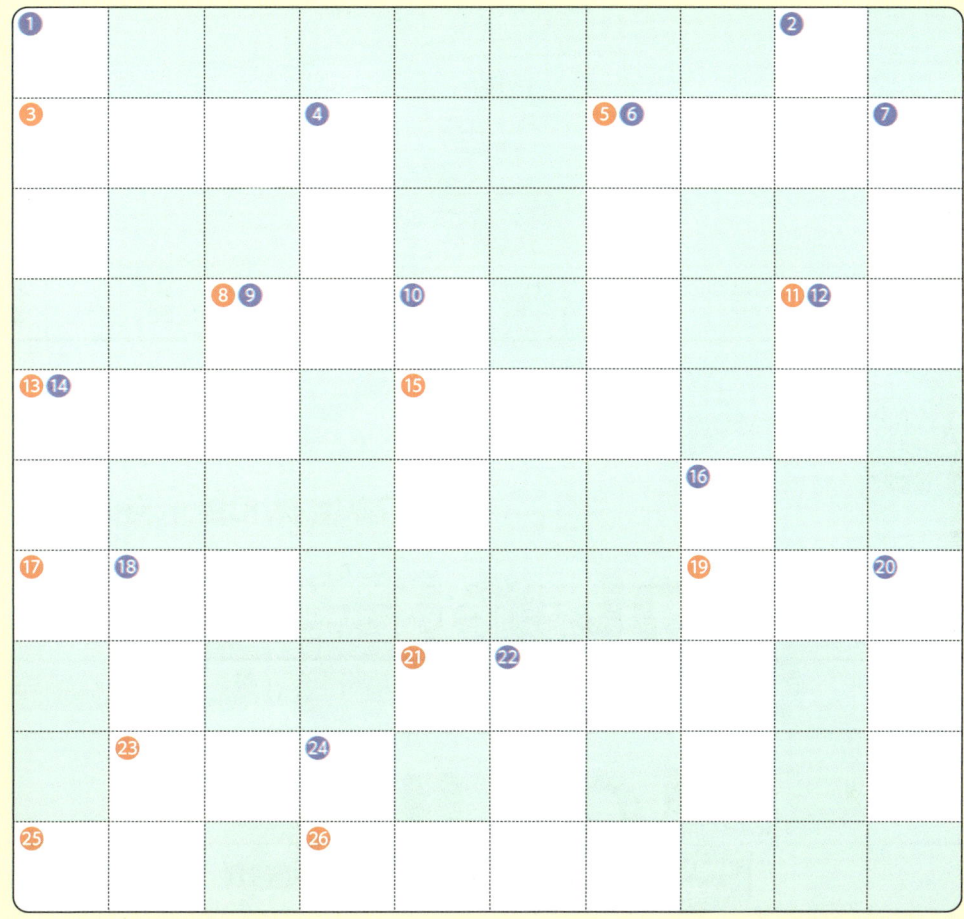

가로 열쇠

3. '알밤답다'에서 온 말로 '곱다'는 뜻을 가진 말.
5. 모난 곳이 없는 모양. 연못에 돌을 던지면 물결이 ○○○○처럼 퍼져나감.
8. 이름을 나타내는 말. '명사'라고도 함.
11. 날이 추우면 풀밭이나 땅 위에 하얗게 내리는 것. 흰 머리를 보고 ○○가 내렸다고 함.
13. 우리 겨레가 가장 잘 아는 민요로 정선, 밀양, 진도 등에 서로 다른 가락이 전해짐.
15. 길을 떠나는 사람을 뜻하는 말로 옛이야기에 자주 나타남.
17. 씨앗으로 쓸 수 있는 감자.
19. 불에 까맣게 탄 것. 얼굴에 ○○○가 묻었다고 함.
21. 깊이 자리 잡다. 둥글게 말고 웅크린 모습. 위험이 ○○리다.
23. 나루와 나루 사이를 오가며 사람이나 짐 따위를 실어 나르는 작은 배.
25. 열매나 씨가 여물다. 고기도 ○○야 먹을 수 있고, 열매도 ○○야 맛있음.
26. 알랑거리며 남의 비위를 맞추는 짓. "○○○○를 꾄다."라고 함.

세로 열쇠

1. 개의 새끼를 가리킴.
2. 대한민국은 우리○○. 일정한 영토와 거기에 사는 사람들로 구성되고, 주권에 의한 하나의 통치 조직을 가지고 있는 사회 집단.
4. '다스리다'에서 온 말로 연주 전에 미리 가락을 맞춰 보는 일.
6. 온 동네, 온 데를 뜻하는 말.
7. 옛날에 신던 것으로 삼이나 노를 삼아서 만든 신발. 옛날에는 '메트리'라고 불렀음.
9. 밭에서 움푹 들어간 부분을 '고랑'이라고 하고 우뚝 솟은 부분을 이것이라고 함. 옛말에 "○○이 고랑되고, 고랑이 ○○ 된다."는 말이 있음.
10. 벼의 씨앗을 나타내는 말로 옛말에 "귀신 ○○○ 까 먹는다."는 말이 있음.
12. 세 개나 네 개쯤.
14. 옛날에는 '아기씨'라고 불렀는데, 요즘은 젊은 여자들을 일컫는 말임.
16. 돌덩이를 드문드문 놓아 건너다니게 만든 다리.
18. 갖고 싶어서 애가 타는 마음. "맛만 보고 말면 ○○난다."고 하지요.
20. 그 다음날. 두 번째 날.
22. 안방과 달리 주로 남자들이 찾아온 손님들과 함께 만나는 방.
24. 허파, 양, 염통, 쓸개, 창자같이 배 안에 있는 것들을 싸잡아 이르는 말. 거슬리는 일을 보면 ○○이 꼴리거나 뒤틀림.

띄어쓰기 규칙

3

성과 이름은 붙여 써요

엄마한테 오늘 배운 거 알려 줘야지!

엄마! 학교에서 이 순신 장군에 대해 배웠는데. 이 순신장군님 참 대단하신 분이야.

오늘 역사 수업이 있었구나. 근데 재현아, 이 순신이 아니라 이순신이라고 써야 해.

엄마는 참, 띄어쓰기 몰라? 낱말과 낱말은 띄어 쓴다. 몰라?

낱말과 낱말은 띄어 써야 하지만 성과 이름을 한 낱말로 보기 때문에 붙여 써야 해.

깜짝이야! 누군지 대단하구나!

띄어쓰기가 쉽지 않군. 뭐, 하나씩 배우면 되지.

엄지척
헤헷

알아 두면 좋아요

👆 성과 이름은 서로 다른 두 개의 낱말입니다.
"낱말과 낱말은 띄어 쓴다."는 원리에 따라 띄어 쓰는 것이 맞지만 지금은 붙여 씁니다.

👆 우리나라 성은 대부분 한 글자라서 띄어 쓰지 않아도 구별이 쉽고,
성과 이름을 합쳐서 하나의 낱말로 볼 수 있기 때문에 붙여 씁니다.

> 예) 김재현 (O)   김 재현 (X)

👆 두 글자 성은 이름과 구분하기 어려워서 띄어 쓸 수도 있습니다.

> 예) 남궁옥분 (O)   남궁∨옥분 (O)   남 궁옥분 (X)

👆 본래 이름 외에 지어 부르는 호나 자도 성과 붙여 씁니다.

> 예) 정다산 (O)   정 다산 (X)

1 한 글자 성

우리나라 성씨는 대부분 한 글자입니다. 한 글자 성씨는 성과 이름을 합쳐서 하나의 낱말로 볼 수 있기 때문에 붙여 씁니다.

〈보기〉

| 김 | 자 | 현 | 강 | 재 | 현 | 이 | 미 | 영 | 정 | 상 | 원 | | |
| 김 | 자 | 현 | ∨ | 강 | 재 | 현 | ∨ | 이 | 미 | 영 | ∨ | 정 | 상 | 원 |

| 김 | 벼 | 리 | 박 | 누 | 리 | 최 | 예 | 빈 | 염 | 수 | 빈 |
| 김 | 벼 | 리 | ∨ | 박 | 누 | 리 | ∨ | 최 | 예 | 빈 | ∨ | 염 | 수 | 빈 |

 〈보기〉처럼 띄어쓰기 표시를 하고, 바르게 띄어 써 보세요.

| 김 | 연 | 아 | 박 | 세 | 리 | 손 | 흥 | 민 | 박 | 지 | 성 |
| | | | | | | | | | | | |

| 조 | 용 | 필 | 유 | 재 | 석 | 김 | 병 | 만 | 조 | 정 | 석 |
| | | | | | | | | | | | |

| 을 | 지 | 문 | 덕 | 강 | 감 | 찬 | 연 | 개 | 소 | 문 |
| | | | | | | | | | | |

2 두 글자 성

우리나라에는 '남궁', '독고', '황보', '선우' 같은 두 글자 성씨가 있습니다.
두 글자 성은 이름과 구분하기 어려워서 띄어 쓸 수도 있습니다.

 <보기>처럼 바르게 띄어 쓴 것에 ○표, 잘못 띄어 쓴 것에 ×표 하세요.

선우용녀

| 선　우용녀 ( ) | 선우용녀 ( ) | 선우　용녀 ( ) |

독고영재

| 독고　영재 ( ) | 독고영재 ( ) | 독　고영재 ( ) |

3 호 또는 자

호와 자는 본래 이름 외에 지어 부르는 이름입니다. 호는 결혼 이후나 죽고 난 뒤에 붙여 주고 자는 스무 살 이후에 붙여 줍니다. 호나 자는 성과 붙여 씁니다.

〈보기〉

충무공 V 이순신 → 이충무공

사임당 V 신인선 → 신사임당

율곡 V 이이 → 이율곡

조한알 V 장일순 → 장조한알

한힌샘 V 주시경 → 주한힌샘

 〈보기〉처럼 성과 호를 알맞게 띄어 써 보세요.

다산 V 정약용 →

추사 V 김정희 →

난설헌 V 허초희 →

백범 V 김구 →

띄어쓰기 규칙

4

이름과 호칭은 띄어 써요

알아 두면 좋아요

 띄어쓰기의 모든 원리는 띄어쓰기의 첫 번째 약속, "낱말과 낱말은 띄어 쓴다."에서 출발합니다. 따라서 하나의 낱말인지 아닌지 정하는 것이 중요합니다.

 성과 이름은 모아서 하나의 낱말로 봅니다.

> 예 김여울 (O)   김 여울 (X)   독고현 (O)   독 고현 (X)

 나머지 호칭은 서로 다른 낱말이라서 띄어 씁니다.

> 예 이미영 ∨ 님 (O)   이미영님 (X)

> 예 강경화 ∨ 장관 (O)   강경화장관 (X)

> 예 의사 ∨ 김다영 ∨ 교수 (O)   의사김다영교수 (X)

1 호칭

이름과 호칭은 다른 낱말이기 때문에 띄어 씁니다.
호칭으로는 '님, 씨, 군, 양, 옹, 아저씨, 아줌마, 이모, 삼촌' 등이 있습니다.

 <보기>처럼 바르게 띄어 써 보세요.

김은식씨 →

김씨 →

홍길동님 →

길동님 →

 <보기>처럼 바르게 띄어 써 보세요.

황석영 옹 →

박 양 →

용필 군 →

서울 삼촌 →

유재석 아저씨 →

아이유 아가씨 →

한여름 양 →

막내 이모 →

김자현 님 →

2 맡은 일을 나타내는 말

대통령, 판사, 사무관 등 관직 이름이나 사장, 의사처럼 맡은 일을 나타내는 말은 이름과 띄어 씁니다. 하는 일을 나타내는 말 뒤에 '님'은 낱말이 아니므로 붙여 씁니다.

 <보기>처럼 바르게 띄어 써 보세요.

을지문덕장군님 →

장그래부장 →

안중근의사 →

박종철열사 →

이한주판사 →

김영란교수 →

낱말 놀이

낱말을 바르게 쓴 것에 동그라미 하세요.

- 재현이는 책상에 (엎드려 / 업드려) 자고 있는 누나를 깨웠어요.
- 가방을 (메고 / 매고) 학교에 갑니다.

3 호와 이름

호와 이름은 띄어 씁니다. 호와 이름, 호칭이 연이어 나와도 모두 띄어 씁니다.

〈보기〉

추사김정희 → 추사 ∨ 김정희

백범김구선생님
→ 백범 ∨ 김구 ∨ 선생님

〈보기〉처럼 바르게 띄어 써 보세요.

난설헌허초희 →

성웅이순신장군
→

사임당신인선 →

다산정약용 →

띄어쓰기 규칙

5

단위를 나타내는 말은 띄어 써요

띄어쓴다!

알아 두면 좋아요

 단위를 나타내는 말도 낱말이기 때문에 띄어 써야 합니다.
낱말과 낱말은 띄어 써야 하기 때문입니다.

> 예) 꽃∨세∨송이 (○)   꽃 세송이 (×)

> 예) 밥∨한∨술 (○)   밥한술 (×)

 차례를 나타낼 때나 앞에 숫자가 나올 때에는 붙여 써도 됩니다.
붙여 썼을 때 더 읽고 쓰기가 좋기 때문입니다.
차례를 나타내는 '제'는 붙여 씁니다.

> 예) 제3차 (○)   제3∨차 (○)   제 3차 (×)

1 단위를 나타내는 말

단위를 나타내는 말도 낱말이므로 낱말은 띄어 씁니다.

<보기>

밥 한 그 릇	→	밥 ∨ 한 ∨ 그 릇
참 기 름 다 섯 병	→	참 기 름 ∨ 다 섯 ∨ 병
배 추 한 포 기	→	배 추 ∨ 한 ∨ 포 기
나 무 아 홉 그 루	→	나 무 ∨ 아 홉 ∨ 그 루
알 밤 세 톨	→	알 밤 ∨ 세 ∨ 톨
토 끼 다 섯 마 리	→	토 끼 ∨ 다 섯 ∨ 마 리
해 바 라 기 한 송 이	→	해 바 라 기 ∨ 한 ∨ 송 이

 <보기>처럼 바르게 띄어 써 보세요.

| 포 도 주 다 섯 통 | → | | | | | | | | | | |

| 외 국 인 일 곱 사 람 | → | | | | | | | | | | |

| 풀 한 포기 | → | | | | | | |

| 모래 한 줌 | → | | | | | | |

| 참기름 일곱 병 | → | | | | | | | | |

| 비빔밥 열 그릇 | → | | | | | | | | |

| 우유 다섯 잔 | → | | | | | | | |

| 밀가루 두 봉지 | → | | | | | | | | |

| 콩 다섯 자루 | → | | | | | | | |

| 콩 세 알 | → | | | | | |

| 쑥 아홉 소쿠리 | → | | | | | | | |

| 장미꽃 여덟 송이 | → | | | | | | | | |

| 보리 열한 가마니 | → | | | | | | | | | |

| 물 두 바가지 | → | | | | | | | |

| 맥주 한 컵 | → | | | | | | | |

| 딸기 세 바구니 | → | | | | | | | |

| 나무 한 그루 | → | | | | | | | |

| 돼지고기 두 근 | → | | | | | | | |

| 비행기 열두 대 | → | | | | | | | |

| 기와집 다섯 채 | → | | | | | | | |

| 밤 열세 톨 | → | | | | |

| 거북선 열두 척 | → | | | | | | | |

| 김치찌개 두 냄비 | → | | | | | | | |

| 사과 일곱 광주리 | → | | | | | | | | |

| 좁쌀 다섯 말 | → | | | | | | | | |

| 도화지 네 장 | → | | | | | | | | |

| 보리밥 한 술 | → | | | | | | | | |

| 물 한 모금 | → | | | | | | | |

| 순금 일곱 돈 | → | | | | | | | | |

| 고무신 한 켤레 | → | | | | | | | | | |

| 조기 한 손 | → | | | | | | | |

| 연필 열두 자루 | → | | | | | | | | | |

| 국수 한 사리 | → | | | | | | | | |

| 오징어 한 축 | → | | | | | | | | |

| 열무 열 단 | → | | | | | | | |

| 김 다섯 톳 | → | | | | | | | |

2 차례를 나타낼 때

차례, 날짜, 시간을 나타내는 숫자도 낱말이므로 띄어 써야 합니다. 하지만 편하게 읽기 위해서 붙여 써도 됩니다. 차례를 나타내는 '제'는 낱말이 아니라 앞가지(접두사)로 쓰이므로 붙여 씁니다.

 <보기>처럼 바르게 띄어 쓴 것에 ○표, 잘못 띄어 쓴 것에 ×표 하세요.

| 삼학년이반 ( ) | 삼학년 이반 ( ) |

| 삼 학년 이 반 ( ) |

| 헌법 제삼 장 십 조 ( ) |
| 헌법 제 삼장 십조 ( ) |
| 헌법 제삼장 십조 ( ) |

| 백회 졸업식 ( ) | 백 회 졸업식 ( ) |

3 아라비아 숫자 뒤

아라비아 숫자 다음에 오는 말은 띄어 씁니다. 하지만 편하게 읽기 위해서 붙여 써도 됩니다.

〈보기〉

2 학년 10 반 → 2 ∨ 학년 ∨ 10 ∨ 반 (○)

2 학년 ∨ 10 반 (○)

 〈보기〉처럼 바르게 띄어 쓴 것에 ○표, 잘못 띄어 쓴 것에 ×표 하세요.

세종로 34 번지 ( )

을지로 21 번지 ( )

참기름 20 병 ( )

들기름 스무 병 ( )

이십 킬로미터 ( )   20 킬로미터 ( )

열 한 명 ( )   열한 명 ( )   11 명 ( )

 <보기>처럼 바르게 띄어 쓴 것에 ○표, 잘못 띄어 쓴 것에 ×표 하세요.

| 천구백사십오년 ( ) | 1945년 ( ) |

| 천 구백 사십 오 년 ( ) |

| 나무 한 그루 ( ) | 나무 1그루 ( ) |

| 자동차 스무 대 ( ) |

| 자동차 20대 ( ) | 자동차 20 대 ( ) |

| 여덟 시 십일 분 ( ) |

| 8시 11분 ( ) | 8 시 11 분 ( ) |

| 국수 11그릇 ( ) |

| 국수 열한 그릇 ( ) |

| 배추 5포기 ( ) | 배추 다섯 포기 ( ) |
| 연필 3자루 ( ) | 연필 세 자루 ( ) |

띄어쓰기 규칙

6

홀로 쓸 수 없는 낱말은 띄어 써요

알아 두면 좋아요

 홀로 쓸 수 없는 낱말이 있습니다.
다른 낱말에 매여 있다고 해서 '매인이름씨(의존명사)'라고 합니다.

> 예) 나는∨두∨번<u>째</u>∨인형이∨좋아.
>   매인이름씨

 매인이름씨는 홀로 쓸 수 없으니까 꾸며 주는 말이 나옵니다.
꾸며 주는 말과 매인이름씨는 둘 다 낱말이라서 띄어 씁니다.

> 예) 할∨<u>뿐</u>이다.　좋을∨<u>대로</u>
>   낱말 + 낱말　　　낱말 + 낱말
>
>   주는∨<u>만큼</u>　아는∨<u>것</u>
>   매인이름씨　　　매인이름씨

 홀로 쓸 수 없는 낱말이 씨끝(어미)이나 토씨(조사)로 바뀔 때도 있습니다.
토씨는 낱말이 아니니까 붙여 씁니다.

> 예) 쓰레기를∨버리<u>지</u>∨마시오. (버리다 + 지)
>   씨끝　　　낱말　씨끝
>
>   전봇대<u>만큼</u>∨크다. (전봇대 + 만큼)
>   씨끝　　　낱말　씨끝

1 홀로 쓸 수 없는 낱말

홀로 쓸 수 없는 매인이름씨(의존명사)도 낱말이므로 띄어 씁니다.

〈보기〉

첫**번**째문제의답은2다.
첫 ∨ 번 째 ∨ 문 제 의 ∨ 답 은 ∨ 2 다 .

아는**것**이힘이야.
아 는 ∨ 것 이 ∨ 힘 이 야 .

너도할**수**있어.
너 도 ∨ 할 ∨ 수 ∨ 있 어 .

너**때문**에망쳤잖아.
너 ∨ 때 문 에 ∨ 망 쳤 잖 아 .

열심히하기**나름**이야.
열 심 히 ∨ 하 기 ∨ 나 름 이 야 .

게임을네**판**이나했다.
게 임 을 ∨ 네 ∨ 판 이 나 ∨ 했 다 .

학원에간**지**10시간됐다.
학 원 에 ∨ 간 ∨ 지 ∨ 10 시 간 ∨ 됐 다 .

네가그저께놀던**데**가어디니?
네 가 ∨ 그 저 께 ∨ 놀 던 ∨ 데 가 ∨ 어 디 니 ?

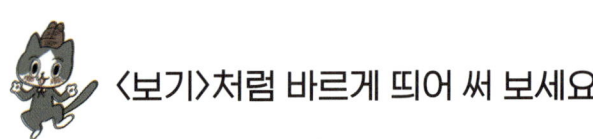 <보기>처럼 바르게 띄어 써 보세요.

다음번면담은너야.

용문산에두번가봤다.

떠난지엿새만에소식이왔다.

술은몸에안좋은것이다.

그럴수도있지.

모두구경만할뿐아무도안말려.

욕을했기때문에싸웠어.

그냥할뿐이야.

좋을대로생각해.

주는만큼받는거야.

 <보기>처럼 바르게 띄어 쓴 것에 ○표, 잘못 띄어 쓴 것에 ×표 해 보세요.

도대체 몇번을 말해야겠니? ( )
도대체 몇 번을 말해야겠니? ( )

놀다 보면 다칠수도 있잖아. ( )
놀다 보면 다칠 수도 있잖아. ( )

너 때문에 힘들었어. ( )
너때문에 힘들었어. ( )

오늘은 먹을것이 많아서 좋아. ( )
오늘은 먹을 것이 많아서 좋아. ( )

너라면 할수 있을 거야. ( )
너라면 할 수 있을 거야. ( )

어찌할 바를 몰랐다. ( )
어찌할바를 몰랐다. ( )

산낙지를 먹을 줄 안다. ( )
산낙지를 먹을줄 안다. ( )

잘 모르면서 아는 체는 왜 하니? ( )
잘 모르면서 아는체는 왜 하니? ( )

야, 너 잘난척 하지마! ( )
야, 너 잘난 척 하지 마! ( )

2 쓰임이 달라질 때

매인이름씨(의존명사)는 처음 가지고 있는 뜻이 아닌 토씨(조사)나 씨끝(어미)으로도 쓰이는데, 이때는 앞말에 붙여 씁니다.

〈보기〉

쓰레기를버리지마시오.
| 쓰 | 레 | 기 | 를 | ∨ | 버 | 리 | 지 | ∨ | 마 | 시 | 오 | . |

여기는남자뿐이다.
| 여 | 기 | 는 | ∨ | 남 | 자 | 뿐 | 이 | 다 | . |

당장법대로합시다.
| 당 | 장 | ∨ | 법 | 대 | 로 | ∨ | 합 | 시 | 다 | . |

어린이만들어갈수있다.
| 어 | 린 | 이 | 만 | ∨ | 들 | 어 | 갈 | ∨ | 수 | ∨ | 있 | 다 | . |

키가전봇대만큼크다.
| 키 | 가 | ∨ | 전 | 봇 | 대 | 만 | 큼 | ∨ | 크 | 다 | . |

〈보기〉처럼 바르게 띄어 써 보세요.

예쁜꽃을꺾지마시오.

나는너만사랑해.

| 기다리는수밖에없어. |

| 먹을것은감자뿐이다. |

| 내가너만큼은한다. |

 〈보기〉처럼 바르게 띄어 쓴 것에 ○표, 잘못 띄어 쓴 것에 ×표 해 보세요.

잔디밭에 들어가지 마시오! ( )
잔디밭에 들어가 지 마시오! ( )

춤을 추다가 그대로 멈춰라! ( )
춤을 추다가 그 대로 멈춰라! ( )

내가 너만큼은 한다. ( )
내가 너 만큼은 한다. ( )

나오는 것은 눈물뿐이다. ( )
나오는 것은 눈물 뿐이다. ( )

그 영화는 어른 만 볼 수 있다. ( )
그 영화는 어른만 볼 수 있다. ( )

엄마를 하늘만큼 사랑해. ( )
엄마를 하늘 만큼 사랑해. ( )

띄어쓰기 규칙

7

이어 주는 낱말은 띄어 써요

 알아 두면 좋아요

- 이어 주는 말(접속부사)은 낱말이나 문장을 이어 줍니다.

  > 예 나는 아침 <u>겸</u> 점심으로 샌드위치를 먹었다.
  >   이어 주는 말

- 이어 주는 말에는 '그래서, 그리고, 따라서, 즉, 또, 및, 또는, 혹은, 그러나, 하지만, 다만, 그러니, 그런즉' 등이 있습니다.

- 이어 주는 말도 낱말이기 때문에 띄어 써야 합니다.

- '등, 등지, 등등, 따위'처럼 늘어놓는 말도 홀로 쓸 수 없기 때문에 붙여 써야 할 것처럼 보이지만, 낱말이기 때문에 띄어 써야 합니다.

  > 예 꽃병에 꽂혀 있는 장미, 튤립, 백합 <u>등등</u>의 꽃이 예쁘다.
  >   이어 주는 말

- 한 글자나 두 글자로 되어 있으면서 앞가지(접두사)나 뒷가지(접미사)로 쓰이는 말들은 하나의 낱말이 아니기 때문에 붙여 씁니다.

  > 예 **대**국민 담화문 (○)   대 국민 담화문 (✕)

1 이어 주는 말

이어 주는 말은 낱말과 낱말, 문장과 문장을 이어 줄 때 쓰는 말입니다.
'겸, 내지, 대, 및, 또는, 혹은' 등이 있으며, 이어 주는 말은 띄어 씁니다.

<보기>

 <보기>처럼 바르게 띄어 쓰고, 문장을 만들어 보세요.

| 아 | 침 | 겸 | 점 | 심 | → | 아 | 침 | ∨ | 겸 | ∨ | 점 | 심 |

아침 겸 점심으로 라면을 먹었다.

65

기차 또는 버스 →

책상 밑 의자 →

짜장면 대 짬뽕 →

백 내지 이백 →

비 또는 눈 →

집 혹은 학교 →

2 늘어놓는 말

'등', '등지', '등등', '따위'처럼 늘어놓는 말도 낱말이므로 띄어 씁니다.

〈보기〉

| 밥 | 국 | 반 | 찬 | 등 | → | 밥 | ∨ | 국 | ∨ | 반 | 찬 | ∨ | 등 |

| 서 | 울 | 경 | 기 | 등 | 지 | → | 서 | 울 | ∨ | 경 | 기 | ∨ | 등 | 지 |

| 사 | 과 | 배 | 딸 | 기 | 등 | 등 |

→ | 사 | 과 | ∨ | 배 | ∨ | 딸 | 기 | ∨ | 등 | 등 |

| 개 | 미 | 벌 | 나 | 비 | 따 | 위 |

→ | 개 | 미 | ∨ | 벌 | ∨ | 나 | 비 | ∨ | 따 | 위 |

 〈보기〉처럼 바르게 띄어 쓰고, 문장을 만들어 보세요.

| 서 | 울 | 부 | 산 | 인 | 천 | 등 |

→ | 서 | 울 | ∨ | 부 | 산 | ∨ | 인 | 천 | ∨ | 등 |

서울 부산 인천 등 대도시는 사람들로 북적인다.

| 장 | 미 | 튤 | 립 | 백 | 합 | 등 |

→ | | | | | | | | | | |

| 밭 | 이 | 나 | 논 | 등 | 지 | → | | | | | | | | | |

| 대 | 만 | 일 | 본 | 괌 | 등 | 지 |

→ | | | | | | | | | | |

| 구 | 름 | 하 | 늘 | 땅 | 등 | 등 |

→ | | | | | | | | | | |

| 마 | 늘 | 파 | 양 | 파 | 따 | 위 |

→ | | | | | | | | | | |

3 앞가지로 쓰일 때

'대'가 앞에 올 때는 낱말이 아니라 앞가지(접두사)이므로 붙여 씁니다.

〈보기〉

| 대 | 미 | 국 | 수 | 출 | → | 대 | 미 | 국 | V | 수 | 출 |

| 대 | 국 | 민 | 사 | 과 | → | 대 | 국 | 민 | V | 사 | 과 |

 〈보기〉처럼 바르게 띄어 쓰고, 문장을 만들어 보세요.

| 대 | 일 | 본 | 수 | 출 | → | 대 | 일 | 본 | V | 수 | 출 |

올해는 대일본 수출 물량이 줄었다.

| 대 | 북 | 한 | 전 | 략 | → | | | | | | |

| 대 | 국 | 민 | 담 | 화 | 문 | → | | | | | | | |

띄어쓰기 규칙

8

한 글자 낱말은 붙여 쓸 수 있어요

알아 두면 좋아요

 낱말은 글자 수에 따라 한 글자 낱말, 두 글자 낱말, 세 글자 낱말 등으로 나눕니다.

한 글자 낱말	두 글자 낱말	세 글자 낱말
집, 코, 눈, 손, 발 등	사람, 얼굴, 책상 등	손가락, 고구마, 자전거 등

 한 글자 낱말도 띄어 써야 하지만, 낱말 뜻을 빨리 알아차릴 수 있으면 붙여 써도 됩니다.

예) 좀∨더∨자다 (○)   좀더∨자다 (○)

 붙여 썼을 때 문장이나 낱말이 제대로 이어지지 않으면 띄어 씁니다.

예) 물∨한∨잔 → 물∨한잔 (○)   물한∨잔 (✕)

 이것 저것 헷갈릴 때는 원리에 따라 낱말과 낱말을 띄어 씁니다.

1 한 글자 낱말이 이어 나오는 경우

한 글자 낱말은 띄어 씁니다. 뜻이 제대로 이어지는 경우에는 붙여 써도 되지만, 세 번 넘게는 붙여 쓸 수 없습니다.

〈보기〉

좀 ∨ 더 ∨ 큰 ∨ 이 ∨ 헌 ∨ 옷	(○)
좀더 ∨ 큰 ∨ 이 ∨ 헌 옷	(○)
좀더 ∨ 큰이 ∨ 헌 옷	(×)

| 내 ∨ 집 | (○) | 내집 | (○) |

| 이 ∨ 것 ∨ 저 ∨ 것 | (○) | 이것 ∨ 저것 | (○) |

| 한 ∨ 잎 ∨ 두 ∨ 잎 | (○) | 한잎 ∨ 두잎 | (○) |

| 물 ∨ 한 ∨ 잔 | (○) | 물 ∨ 한잔 | (○) |
| 물한 ∨ 잔 | (×) | 물한잔 | (×) |

| 내 ∨ 것 ∨ 네 ∨ 것 | (○) | 내것 ∨ 네것 | (○) |
| 내것네것 | (×) |

73

 한 글자 낱말을 바르게 띄어 쓴 것에 ○표, 잘못 띄어 쓴 것에 ×표 하세요.

| 이 | 말 | 저 | 말 | ( ) | 이 말 | 저 말 | ( )
| 이 말 저 말 | ( )

| 이 | 큰 | 집 | ( ) | 이 큰 | 집 | ( ) | 이 | 큰 집 | ( )

| 꽤 | 잘 | 돕 | 다 | ( ) | 꽤 잘 | 돕 다 | ( )
| 꽤 | 잘 돕 다 | ( )

| 시 | 한 | 편 | ( ) | 시 한 | 편 | ( ) | 시 | 한 편 | ( )

| 칼 | 두 | 자 루 | ( ) | 칼 두 | 자 루 | ( )
| 칼 | 두 자 루 | ( )

| 책 | 한 | 권 | ( ) | 책 한 권 | ( )
| 책 한 권 | ( ) | 책 | 한 권 | ( )

| 한 | 개 | 두 | 개 | ( ) | 한 개 | 두 개 | ( )
| 한 개 두 개 | ( )

| 콩 | 세 | 알 | ( ) | 콩 | 세 알 | ( ) | 콩 세 알 | ( )

2 한 글자 꾸미는 말이 이어 나오는 경우

한 글자로 된 꾸미는 말이 이어 나올 경우, 뜻이 제대로 전달되지 않으므로 띄어 씁니다.
'좀 더'의 경우 '좀'은 '더'만 꾸미기 때문에 뜻이 제대로 이어진다고 봅니다.
그래서 '좀더'로 붙여 쓸 수 있습니다.

〈보기〉

| 꽤 ∨ 잘 ∨ 자 | (○) | 꽤 ∨ 잘 자 | (○) | 꽤 잘 ∨ 자 | (×) |

| 좀 ∨ 더 ∨ 먹 다 | (○) | 좀더 ∨ 먹 다 | (○) |

| 좀 ∨ 더 먹 다 | (×) |

 한 글자 낱말을 바르게 띄어 쓴 것에 ○표, 잘못 띄어 쓴 것에 ×표 하세요.

| 좀 더 자 라 | ( ) | 좀더 자 라 | ( ) |

| 늘 못 잊 다 | ( ) | 늘못 잊 다 | ( ) |

| 더 못 먹 다 | ( ) | 더못 먹 다 | ( ) |

| 늘 더 먹 다 | ( ) | 늘더 먹 다 | ( ) |

| 잘 안 먹 다 | ( ) | 잘안 먹 다 | ( ) |

띄어쓰기 규칙

9

풀이말이
이어 나올 때는
띄어 써요

알아 두면 좋아요

 풀이말(용언)은 임자말(체언)을 풀어 주는 말입니다.
"말이 달린다."에서 '말'은 임자말이고, '달린다'는 풀이말입니다.

 풀이말이 두 개 이어 나올 경우에 둘 중 하나를 빼도 문장의 뜻이 통하는데,
이때 빼도 되는 말이 도움풀이말(보조용언)입니다.
도움풀이말은 풀이말에 기대어 그 말의 뜻을 도와주는 말입니다.
"내가 먹어 보다."에서 '보다'를 빼고 '내가 먹다.'라고 해도 뜻이 통합니다.
이 경우 '보다'는 도움풀이말입니다.

 도움풀이말에는 '~보다', '~주다'처럼 원래는 풀이말이었다가 때에 따라
도움을 주는 것도 있고, '~마라', '~않다'처럼 늘 도움만 주는 것도 있습니다.

하나의 겹낱말로 굳어 버린 때나 붙였을 때 더 자연스러운 경우에는 붙여 쓸 수 있습니다. '도와드리다'나 '모른척하다' 같은 경우입니다.

> 예 어머니를 도와 드리다 (O)   어머니를 도와드리다 (O)

> 예 그는 나를 모른척했다. (O)
> 그는 나를 모른 척했다. (O)

 '지다', '하다' 앞에 '~(아)어'가 붙으면 붙여 씁니다. '지운다'에서 '지워지다'처럼 씨(품사)가 달라질 때에는 풀이말이 이어 나와도 붙여 씁니다.

> 예 이 연필은 글씨가 예쁘게 써진다. (O)
> 이 연필은 글씨가 예쁘게 써 진다. (X)

1 풀이말이 이어 나올 때

도움풀이말도 낱말이므로 띄어 써야 합니다.

〈보기〉

집에가지못한다.
| 집 | 에 | ∨ | 가 | 지 | ∨ | 못 | 한 | 다 | . | | | | | | | | |

승부차기로겨우이기게되었다.
| 승 | 부 | 차 | 기 | 로 | ∨ | 겨 | 우 | ∨ | 이 | 기 | 게 | ∨ | 되 | 었 | 다 | . | |

사람이많은곳은가지마라.
| 사 | 람 | 이 | ∨ | 많 | 은 | ∨ | 곳 | 은 | ∨ | 가 | 지 | ∨ | 마 | 라 | . | | |

열심히공부해보아라.
| 열 | 심 | 히 | ∨ | 공 | 부 | 해 | ∨ | 보 | 아 | 라 | . | | | | | | |

우는아이는예쁘지않다.
| 우 | 는 | ∨ | 아 | 이 | 는 | ∨ | 예 | 쁘 | 지 | ∨ | 않 | 다 | . | | | | |

가방에구슬을잔뜩집어넣어둔다.
| 가 | 방 | 에 | ∨ | 구 | 슬 | 을 | ∨ | 잔 | 뜩 | ∨ | 집 | 어 | 넣 | 어 | ∨ | 둔 | 다 | . |

 <보기>처럼 풀이말을 바르게 띄어 쓰고, 문장을 만들어 보세요.

우산이 없어서 집에 <u>가지못한다.</u>

| 가 | 지 | 못 | 한 | 다 | . | → | 가 | 지 | | 못 | 한 | 다 | . |

끝까지 포기하지 않아 <u>이기게되었다.</u>

| 이 | 기 | 게 | 되 | 었 | 다 | . | →

사람이 많은 곳은 절대 <u>가지마라.</u>

| 가 | 지 | 마 | 라 | . | →

비가 와서 그냥 집에 <u>가고말았다.</u>

| 가 | 고 | 말 | 았 | 다 | . | →

웃는 아이는 <u>밉지않다.</u>

| 밉 | 지 | 않 | 다 | . | →

선물은 아이들을 기쁘게한다.

| 기 | 쁘 | 게 | 한 | 다 | . | → | | | | | | | |

나를 더 좋은 사람이 되게만들었다.

| 되 | 게 | 만 | 들 | 었 | 다 | . | → | | | | | | | |

아침에는 일찍 일어나야한다.

| 일 | 어 | 나 | 야 | 한 | 다 | . | → | | | | | | | |

웃어른을 공경해야한다.

| 공 | 경 | 해 | 야 | 한 | 다 | . | → | | | | | | | |

우리집은 살림이 넉넉하지못하다.

| 넉 | 넉 | 하 | 지 | 못 | 하 | 다 | . | → | | | | | | | |

나한테는 책상이 작은가싶다.

| 작 | 은 | 가 | 싶 | 다 | . | → | | | | | | | | |

고양이가 이제 밥을 먹나보다.

| 먹 | 나 | 보 | 다 | . | → | | | | | | | | |

할 일이 없다는데 집에 갈까보다.

| 갈 | 까 | 보 | 다 | . | → | | | | | | | | |

오늘도 날이 더운가보다.

| 더 | 운 | 가 | 보 | 다 | . | → | | | | | | | | |

아무리 생각해도 힘들겠지싶었다.

| 힘 | 들 | 겠 | 지 | 싶 | 었 | 다 | . | → | | | | | | | | | |

2 풀이말끼리 붙여 써도 될 때

풀이말과 풀이말 사이에 '~(아)어'가 오면 붙여 써도 됩니다.
'~체하다, ~척하다, ~듯하다, ~만하다, ~법하다, ~성싶다'도 붙여 써도 됩니다.

〈보기〉

| 사과를 먹어 보았다. (O) | 어머니를 도와 드리다. (O) |
| 사과를 먹어보았다. (O) | 어머니를 도와드리다. (O) |

| 길을 아는 체하다. (O) | 친구가 올 듯하다. (O) |
| 길을 아는체하다. (O) | 친구가 올듯하다. (O) |

풀이말을 바르게 띄어 쓴 것에 O표 하고, 문장을 만들어 보세요.

촛불이 바람에 점점 꺼져간다.

| 꺼 | 져 | 간 | 다 | . | ( ) | 꺼 | 져 | | 간 | 다 | . | ( )

내 힘으로 막아낸다.

| 막 | 아 | 낸 | 다 | . | ( ) | 막 | 아 | | 낸 | 다 | . | ( )

몸이 아픈 어머니를 도와드린다.

| 도 | 와 | 드 | 린 | 다 | . | ( ) | 도 | 와 | | 드 | 린 | 다 | . | ( ) |

항상 대문을 열어놓는다.

| 열 | 어 | 놓 | 는 | 다 | . | ( ) | 열 | 어 | | 놓 | 는 | 다 | . | ( ) |

나이가 들어가니 점점 늙어간다.

| 늙 | 어 | 간 | 다 | . | ( ) | 늙 | 어 | | 간 | 다 | . | ( ) |

시간이 지나니 점점 홍시가 되어간다.

| 되 | 어 | 간 | 다 | . | ( ) | 되 | 어 | | 간 | 다 | . | ( ) |

실수로 그릇을 깨뜨려버렸다.

| 깨 | 뜨 | 려 | 버 | 렸 | 다 | . | ( ) | 깨 | 뜨 | 려 | | 버 | 렸 | 다 | . | ( ) |

매서운 추위를 견뎌냈다.

| 견 | 뎌 | 냈 | 다 | . | ( ) | 견 | 뎌 | | 냈 | 다 | . | ( ) |

면역력이 생기면 감기를 이겨낸다.

| 이 | 겨 | 낸 | 다 | . | ( ) | 이 | 겨 | | 낸 | 다 | . | ( ) |

힘들어도 끝까지 참아냈다.

| 참 | 아 | 냈 | 다 | . | ( ) | 참 | 아 | | 냈 | 다 | . | ( ) |

날씨가 좋아 창문을 열어놓다.

| 열 | 어 | 놓 | 다 | . | ( ) | 열 | 어 | | 놓 | 다 | . | ( ) |

중요한 내용은 수첩에 적어놓는다.

| 적 | 어 | 놓 | 는 | 다 | . | ( ) | 적 | 어 | | 놓 | 는 | 다 | . | ( ) |

운동장에서 큰소리로 떠들어댄다.

| 떠 | 들 | 어 | 댄 | 다 | . | ( ) | 떠 | 들 | 어 | | 댄 | 다 | . | ( )

여행에서 돌아오는 날짜를 알아둔다.

| 알 | 아 | 둔 | 다 | . | ( ) | 알 | 아 | | 둔 | 다 | . | ( )

눈이 불편한 할머니께 책을 읽어드린다.

| 읽 | 어 | 드 | 린 | 다 | . | ( ) | 읽 | 어 | | 드 | 린 | 다 | . | ( )

늦잠을 자서 버스를 놓쳐버렸다.

| 놓 | 쳐 | 버 | 렸 | 다 | . | ( ) | 놓 | 쳐 | | 버 | 렸 | 다 | . | ( )

마지막으로 제자리에서 가볍게 뛰어본다.

| 뛰 | 어 | 본 | 다 | . | ( ) | 뛰 | 어 | | 본 | 다 | . | ( )

나는 할머니를 도와드렸다.

| 도 | 와 | 드 | 렸 | 다 | . | ( ) | 도 | 와 | | 드 | 렸 | 다 | . | ( ) |

내일은 비가 올듯싶다.

| 올 | 듯 | 싶 | 다 | . | ( ) | 올 | | 듯 | 싶 | 다 | . | ( ) |

그때는 철석같이 믿었음직하다.

| 믿 | 었 | 음 | 직 | 하 | 다 | . | ( ) | 믿 | 었 | 음 | | 직 | 하 | 다 | . | ( ) |

기차를 놓칠뻔하였다.

| 놓 | 칠 | 뻔 | 하 | 였 | 다 | . | ( ) | 놓 | 칠 | | 뻔 | 하 | 였 | 다 | . | ( ) |

이 나무는 수백 년 먹었음직하다.

| 먹 | 었 | 음 | 직 | 하 | 다 | . | ( ) | 먹 | 었 | 음 | | 직 | 하 | 다 | . | ( ) |

3 꼭 붙여 써야 하는 도움풀이말

'~(아)어지다', '~(아)어하다'가 도움풀이말로 쓰일 경우에는 씨(품사)가 달라지기 때문에 풀이말이 이어 나와도 붙여 씁니다.

〈보기〉

| 낙서가 지워 진다. (✕) | 아기를 예뻐 한다. (✕) |
| 낙서가 지워진다. (◯) | 아기를 예뻐한다. (◯) |

 풀이말을 바르게 띄어 쓴 것에 ◯표 하고, 문장을 만들어 보세요.

꿈은 이루어진다.

| 이 루 어 진 다 . | ( ) | 이 루 어   진 다 . | ( ) |

이 펜은 글씨가 예쁘게 써진다.

| 써 진 다 . | ( ) | 써   진 다 . | ( ) |

웃으니 점점 예뻐진다.

| 예 뻐 진 다 . | ( ) | 예 뻐   진 다 . | ( ) |

풀이말 띄어쓰기

1 '~(아)어하다 ~(아)어지다'도 풀이말이 3개 이상 이어 나오면 띄어 써요.

〈보기〉

| 치킨을 먹고 싶어 하다. | (○) |
| 치킨을 먹고 싶어하다. | (×) |

• 다음 풀이말을 바르게 띄어 써 보세요.

썩 내키지않아하다.

내키지않아하다. →

2 풀이말에 토씨가 붙으면 낱말이 되므로 띄어 써요.

〈보기〉

| 자는 척한다. | (○) | 자는척한다. | (○) |
| 자는척을한다. | (×) | 자는 척을 한다. | (○) |

• 다음 풀이말을 바르게 띄어 써 보세요.

내가 직접 먹어도보았다.

먹어도보았다. →

내일은 비가 올듯도싶다.

올듯도싶다. →

3 겹낱말로 된 풀이말도 띄어 써야 합니다. 하지만 두 글자로 된 겹낱말은 붙여 써도 됩니다.

<보기>

정답을 ∨구하여 ∨본다. (○)	정답을 ∨구해 ∨본다. (○)
겹낱말	두 글자 겹낱말
정답을 ∨구하여본다. (×)	정답을 ∨구해본다. (○)

• 다음 풀이말을 바르게 띄어 쓴 것에 ○표 하세요.

자리를 <u>빛내준다</u>.

| 빛 | 내 | 준 | 다 | . | ( ) | 빛 | 내 | | 준 | 다 | . | ( )

햇빛에 더욱 <u>빛나보인다</u>.

| 빛 | 나 | 보 | 인 | 다 | . | ( ) | 빛 | 나 | | 보 | 인 | 다 | . | ( )

4 풀이말이 여러 번 나오면 앞에 나오는 풀이말끼리는 붙여 써도 됩니다.

<보기>

수첩에 적어 둘 만하다.　　(○)
수첩에 적어둘 만하다.　　 (○)
수첩에 적어 둘만하다.　　 (×)

• 다음 풀이말을 바르게 띄어 써 보세요.

점점 기억을 <u>잃어가고있다</u>.

| 잃 | 어 | 가 | 고 | 있 | 다 | . | → | | | | | | | | |

→ | | | | | | | | |

띄어쓰기 규칙

10

겹낱말은 붙여 써요

알아 두면 좋아요

 낱말과 낱말이 모여서 된 낱말을 겹낱말(복합어)이라고 합니다.
원래부터 하나의 낱말이었던 것은 홑낱말(단일어)입니다.

 겹낱말을 만드는 방법은 크게 두 가지입니다.
'남+몰래'처럼 뿌리(어근)와 뿌리(어근)가 모여서 만들 수도 있고, '새+빨갛다'처럼 홀로 쓸 수 없는 가지(접사)와 뿌리를 붙여서 만들 수도 있습니다.

 겹낱말이 되려면 모여서 만들어진 새 낱말과 원래 두 낱말의 뜻이 다르게 바뀌어야 합니다. '크다'와 '집'이 모여서 '큰집'이 됩니다. '큰집'은 크고 넓은 집이 아니라 맏이가 사는 집을 말합니다. 크고 넓은 집은 '큰 집'입니다.
겹낱말은 얼마나 자주 쓰느냐에 따라 하나의 낱말로 자리 잡습니다.
'남몰래'는 자주 쓰니까 하나의 낱말이 되었지만, '엄마 몰래', '아빠 몰래', '선생님 몰래'는 두 개의 낱말이라 띄어 씁니다.

> 예 큰집 : 맏이가 사는 집 / 큰∨집 : 크고 넓은 집
> 남몰래 (○) / 엄마∨몰래 (○)

 풀이말도 겹낱말이 있습니다. '나가다'에 '빗-'이 붙어서 '빗나가다'가 되고, '아름'에 '-답다'가 붙어서 '아름답다'가 됩니다.

> 예 빗나가다, 아름답다

 가지(접사)가 붙어서 겹낱말이 됩니다. 앞가지(접두사) '개-'가 붙어서 '개나리'가 되고, 뒷가지(접미사) '-아지'가 붙어서 '강아지'가 됩니다.

1 이름씨 겹낱말

자주 쓰여서 겹낱말로 자리 잡은 이름씨도 하나의 낱말이라 붙여 씁니다. 그렇지 않은 경우에는 두 가지 낱말이 므로 띄어 씁니다. '큰집'은 크고 넓은 집이 아니라 맏이가 사는 집으로 뜻이 바뀌었기 때문에 겹낱말로 붙여 씁니다. '벼농사'는 자주 쓰기 때문에 붙여 씁니다. 하지만 '배추 농사'는 두 개의 낱말로 보아 띄어 써야 합니다.

〈보기〉

남몰래	(O)	엄마몰래	(X)
오이밭	(O)	가지밭	(X)
얕은꾀	(O)	깊은꾀	(X)
벼농사	(O)	배추농사	(X)

큰집	(O)	넓은집	(X)
땅주인	(O)	창고주인	(X)
뜬눈	(O)	감은눈	(X)
우리나라	(O)	우리가족	(X)

 〈보기〉처럼 겹낱말에 ○표, 겹낱말이 아닌 것에 ×표 하세요.

미역국	( )	오이국	( )
가는허리	( )	굵은허리	( )
또다시	( )	또하나	( )
염소수염	( )	토끼수염	( )
불장난	( )	모래장난	( )
촌사람	( )	도시사람	( )
돼지코	( )	토끼코	( )
사자코	( )	호랑이코	( )
개코	( )	여우코	( )

첫봄	( )	끝봄	( )
겉모양	( )	안모양	( )
마른빨래	( )	젖은빨래	( )
새마을	( )	헌마을	( )
이야깃거리	( )	공부거리	( )
시금치무침	( )	당근무침	( )
소코	( )	코끼리코	( )
사슴코	( )	말코	( )
도끼눈	( )	망치눈	( )

돼지눈	( )	토끼눈	( )	굵은소금	( )	굵은설탕	( )
코끼리다리	( )	닭다리	( )	입마개	( )	입가리개	( )
사탕막대	( )	막대사탕	( )	나무줄기	( )	줄기나무	( )
쇠막대	( )	나무막대	( )	쇠도끼	( )	나무도끼	( )
나무집	( )	지푸라기집	( )	마른하늘	( )	젖은하늘	( )
밤하늘	( )	낮하늘	( )	녹두가루	( )	메밀가루	( )
기름옷	( )	튀김옷	( )	세모꼴	( )	별꼴	( )
비옷	( )	눈옷	( )	책가방	( )	보조가방	( )
천가방	( )	가죽가방	( )	굳은살	( )	무른살	( )
신발주머니	( )	물체주머니	( )	찻주전자	( )	커피주전자	( )
찻잔	( )	커피잔	( )	콩나물밥	( )	무나물밥	( )
시골사람	( )	촌사람	( )	밤알	( )	도토리알	( )
물안개	( )	강안개	( )	쥐구멍	( )	고양이구멍	( )
골목	( )	길목	( )	감자농사	( )	벼농사	( )
강아지굴	( )	토끼굴	( )	새해	( )	새학기	( )
첫출발	( )	첫시험	( )	나팔꽃	( )	해바라기꽃	( )
분홍꽃	( )	다홍꽃	( )	마음조심	( )	몸조심	( )
밀가루	( )	감자가루	( )	조랭이떡국	( )	가래떡국	( )
가래떡	( )	조랭이떡	( )	돼지고기	( )	염소고기	( )
꽈배기빵	( )	꽈배기엿	( )	집게손가락	( )	집게발가락	( )
검지손가락	( )	중지손가락	( )	개구리집	( )	두꺼비집	( )
말장난	( )	몸장난	( )	막내아우	( )	막내형	( )
작은동서	( )	막내동서	( )	막내고모	( )	큰고모	( )
막냇삼촌	( )	막내이모	( )	집고양이	( )	집강아지	( )

2 풀이말 겹낱말

풀이말로 자리잡은 겹낱말입니다. '날다'와 '가다'가 합쳐져서 '날아가다'라는 하나의 낱말이 되었으므로 붙여 씁니다. 하지만 '헤엄치다'와 '가다'는 하나로 합쳐지지 않아서 '헤엄쳐 가다'로 띄어 써야 합니다. 이를 잘 구분하기 위해서 사전을 자주 찾아보고, 두 낱말이 붙어 한 낱말을 이룬 겹낱말을 많이 알아 두면 좋습니다.

〈보기〉

힘쓰다	(○) 힘쏟다 (×)	냄새나다	(○) 향기나다 (×)
욕먹다	(○) 밥먹다 (×)	틀림없다	(○) 어긋남없다 (×)
안되다	(○) 안먹다 (×)	힘내다	(○) 힘빠지다 (×)

〈보기〉처럼 겹낱말에 ○표, 겹낱말이 아닌 것에 ×표 하세요.

날아가다 ( )	끌고가다 ( )	기어가다 ( )	타고가다 ( )
지나가다 ( )	뚫고나가다 ( )	뒤따라가다 ( )	먼저나가다 ( )
걸어나가다 ( )	기어나가다 ( )	값나가다 ( )	이어나가다 ( )
재미나다 ( )	흥미나다 ( )	불티나다 ( )	불꽃나다 ( )
마음먹다 ( )	마음놓다 ( )	길들이다 ( )	물들이다 ( )
물려받다 ( )	벌받다 ( )	불러오다 ( )	불러내다 ( )
쓸어버리다 ( )	깨버리다 ( )	맛보다 ( )	먹어보다 ( )
몰라보다 ( )	몰라주다 ( )	불타다 ( )	불나다 ( )
몰아붙이다 ( )	밀어붙이다 ( )	벗삼다 ( )	친구삼다 ( )
다가서다 ( )	물러서다 ( )	다가앉다 ( )	물러앉다 ( )

못쓰다	( )	안쓰다	( )	비껴쓰다	( )	집어쓰다	( )
못되다	( )	못먹다	( )	잘되다	( )	잘자다	( )
안되다	( )	안먹다	( )	짜내다	( )	빼내다	( )
끌어안다	( )	얼싸안다	( )	여지없다	( )	영락없다	( )
간곳없다	( )	간데없다	( )	맛없다	( )	맛있다	( )
빈틈없다	( )	빠짐없다	( )	쓸데없다	( )	쓸모없다	( )
어림없다	( )	어이없다	( )	몰라주다	( )	살려주다	( )
밀려오다	( )	밀려가다	( )	멋있다	( )	멋쩍다	( )
손잡다	( )	발잡다	( )	사로잡다	( )	움켜잡다	( )
알아채다	( )	눈치채다	( )	놔주다	( )	내주다	( )
농사짓다	( )	눈물짓다	( )	한숨짓다	( )	한숨쉬다	( )
소리치다	( )	소리내다	( )	맛보다	( )	떠보다	( )
잠자다	( )	꿈꾸다	( )	욕먹다	( )	밥먹다	( )
춤추다	( )	물마시다	( )	맞장구치다	( )	장구치다	( )
발맞추다	( )	머리맞대다	( )	손쓰다	( )	힘쓰다	( )
가만있다	( )	관계있다	( )	올라타다	( )	잡아타다	( )
때려치우다	( )	집어치우다	( )	결론짓다	( )	결론내다	( )
값비싸다	( )	값싸다	( )	밤낮없다	( )	보잘것없다	( )
가로지르다	( )	세로지르다	( )	되돌아오다	( )	되돌아가다	( )
사이좋다	( )	사이나쁘다	( )	넘겨보다	( )	훑어보다	( )
살아나다	( )	죽어나다	( )	눈치채다	( )	눈여겨보다	( )
길들이다	( )	곁들이다	( )	솟아나다	( )	바닥나다	( )
잡아먹다	( )	집어먹다	( )	아랑곳없다	( )	터무니없다	( )
얻어먹다	( )	빼먹다	( )	쥐어뜯다	( )	물어뜯다	( )

 다음 겹낱말을 잘 살펴보고, 문장을 만들어 보세요.

하다 안 되면 때려치워라.
→

공부는 집어치우고 실컷 놀아라.
→

어렵게 잡았는데 그냥 놓아주었다.
→

주인에게 돈을 돌려주었다.
→

왜 내 마음을 몰라주나요?
→

모든 재산을 자식들에게 물려주었다.
→

자식 생각에 한숨지으며 눈물을 흘렸다.
→

무죄라고 결론짓고 풀어주었다.
→

삼일 만에 깨어났다.
→

진짜 죽다 살아났다.
→

한없이 눈물이 줄줄 흘러내렸다.
→

양 떼를 한군데로 몰아넣었다.
→

솔직하게 털어놓고 시작하자.
→

일정을 앞당겨서 진행해.
→

열심히 귀담아들었다.
→

부모님 말씀 잘 새겨들어라.
→

말할 때 끼어들지 않습니다.
→

점점 오므라들어 작아지면 끝나.
→

너무 깊이 파고들면 다쳐.
→

점점 줄어들기 시작했다.
→

뽀얗게 우려내야 맛있다.
→

너무 게을러서 못쓰겠네.
→

경찰이 못된 사람을 잡아간다.
→

일이 잘되어서 행복하다.
→

영희는 참 스스럼없는 성격이야.
→

남이야 죽건 말건 아랑곳없다는 뜻이다.
→

친구의 사고는 어처구니없는 것이었다.
→

정신을 차려보니 돈은 온데간데없었다.
→

손님을 인정사정없이 내쫓았다.
→

물건값을 터무니없이 비싸게 불렀다.
→

그는 고향으로 되돌아왔다.
→

드디어 뒤쫓아오는 선수를 따돌렸다.
→

멀리서 <u>떠내려오던</u> 배 한 척이 보였다.
→

간신히 산 정상까지 <u>기어올랐다.</u>
→

자식 걱정에 날마다 <u>눈물짓는다.</u>
→

가난 때문에 평생을 <u>한숨지으며</u> 살았다.
→

아기가 귀엽게 <u>잠잔다.</u>
→

<u>빠짐없이</u> 다 모였니?
→

<u>발맞추어</u> 나가자. 앞으로 가자.
→

이 두 문제는 서로 <u>관계있다.</u>
→

3 앞가지 겹낱말

앞가지가 붙어 하나의 낱말이 됩니다.

〈보기〉

개살구	(○)	개 살구	(×)	군소리	(○)	군 소리	(×)
날것	(○)	날 것	(×)	대낮	(○)	대 낮	(×)
덧니	(○)	덧 니	(×)	돌배	(○)	돌 배	(×)
들소	(○)	들 소	(×)	맨발	(○)	맨 발	(×)
맏아들	(○)	맏 아들	(×)	민머리	(○)	민 머리	(×)
선무당	(○)	선 무당	(×)	수컷	(○)	수 컷	(×)
시부모	(○)	시 부모	(×)	알밤	(○)	알 밤	(×)
애벌레	(○)	애 벌레	(×)	양배추	(○)	양 배추	(×)
올벼	(○)	올 벼	(×)	외가	(○)	외 가	(×)
암꽃	(○)	암 꽃	(×)	찰옥수수	(○)	찰 옥수수	(×)
참숯	(○)	참 숯	(×)	풋과일	(○)	풋 과일	(×)
한여름	(○)	한 여름	(×)	헛수고	(○)	헛 수고	(×)
홀아비	(○)	홀 아비	(×)	홑이불	(○)	홑 이불	(×)
깔보다	(○)	깔 보다	(×)	덧나다	(○)	덧 나다	(×)
드높다	(○)	드 높다	(×)	들볶다	(○)	들 볶다	(×)
빗나가다	(○)	빗 나가다	(×)	새빨갛다	(○)	새 빨갛다	(×)
설익다	(○)	설 익다	(×)	엿보다	(○)	엿 보다	(×)
짓밟다	(○)	짓 밟다	(×)	치솟다	(○)	치 솟다	(×)
헛되다	(○)	헛 되다	(×)	맨손	(○)	맨 손	(×)

 <보기>처럼 겹낱말에 ○표, 겹낱말이 아닌 것에 ×표 하세요.

개나리 ( )	개 나리 ( )	덧 신 ( )	덧신 ( )
맨주먹 ( )	맨 주먹 ( )	군 것질 ( )	군것질 ( )
날고기 ( )	날 고기 ( )	선잠 ( )	선 잠 ( )
민 소매 ( )	민소매 ( )	들국화 ( )	들 국화 ( )
맏 이 ( )	맏이 ( )	돌 감 ( )	돌감 ( )
시동생 ( )	시 동생 ( )	새파랗다 ( )	새 파랗다 ( )
덧저고리 ( )	덧 저고리 ( )	날 강도 ( )	날강도 ( )
한여름 ( )	한 여름 ( )	덧 대다 ( )	덧대다 ( )
맏며느리 ( )	맏 며느리 ( )	한 겨울 ( )	한겨울 ( )
알 몸뚱이 ( )	알몸뚱이 ( )	들 끓다 ( )	들끓다 ( )
맨 몸 ( )	맨몸 ( )	맨 땅 ( )	맨땅 ( )
군살 ( )	군 살 ( )	애호박 ( )	애 호박 ( )
찰 거머리 ( )	찰거머리 ( )	풋고추 ( )	풋 고추 ( )
애송이 ( )	애 송이 ( )	돌미나리 ( )	돌 미나리 ( )
홀몸 ( )	홀 몸 ( )	홀아비 ( )	홀 아비 ( )
풋사과 ( )	풋 사과 ( )	한 길 ( )	한길 ( )
참기름 ( )	참 기름 ( )	외마디 ( )	외 마디 ( )
헛 고생 ( )	헛고생 ( )	알거지 ( )	알 거지 ( )
외나무다리 ( )	외나무 다리 ( )	들쑤시다 ( )	들 쑤시다 ( )
드 세다 ( )	드세다 ( )	민낯 ( )	민 낯 ( )
짓 누르다 ( )	짓누르다 ( )	엿듣다 ( )	엿 듣다 ( )
헛 디디다 ( )	헛디디다 ( )	치닫다 ( )	치 닫다 ( )
호주머니 ( )	호 주머니 ( )	새까맣다 ( )	새 까맣다 ( )
외삼촌 ( )	외 삼촌 ( )	헛 수고 ( )	헛수고 ( )
암수 ( )	암 수 ( )	수 퇘지 ( )	수퇘지 ( )
군더더기 ( )	군 더더기 ( )	시누이 ( )	시 누이 ( )
짓이기다 ( )	짓 이기다 ( )	맏딸 ( )	맏 딸 ( )

 아래의 앞가지가 들어가는 낱말을 찾아 써 보세요.

| **덧-** | 덧신, 덧버선, 덧니, 덧셈, 덧칠, 덧문, 덧저고리 |

| **민-** | 민달팽이, |

| **개-** | 개복숭아, |

| **알-** | 알통, |

| **맨-** | 맨손, |

| **풋-** | 풋고추, |

| **헛-** | 헛소리, |

| **찰-** | 찰떡, |

| 휘- | 휘날리다, 휘감다, 휘두르다, 휘둥그레지다 |

| 드- | 드높다, |

| 새- | 새파랗다, |

| 시- | 시커멓다, |

| 되- | 되돌리다, |

| 덧- | 덧나다, |

| 치- | 치솟다, |

| 짓- | 짓누르다, |

4 뒷가지 겹낱말

뒷가지가 붙어 하나의 낱말이 됩니다.

〈보기〉

사냥꾼	(○)	사냥 꾼	(×)	마개	(○)	마 개	(×)
주검	(○)	주 검	(×)	정성껏	(○)	정성 껏	(×)
잠꾸러기	(○)	잠 꾸러기	(×)	끝내	(○)	끝 내	(×)
풋내기	(○)	풋 내기	(×)	바람둥이	(○)	바람 둥이	(×)
사람들	(○)	사람 들	(×)	게으름	(○)	게으 름	(×)
한 살배기	(○)	한 살 배기	(×)	잠보	(○)	잠 보	(×)
게으름뱅이	(○)	게으름 뱅이	(×)	송아지	(○)	송 아지	(×)
웃음	(○)	웃 음	(×)	깨끗이	(○)	깨끗 이	(×)
미장이	(○)	미 장이	(×)	멋쟁이	(○)	멋 쟁이	(×)
마중	(○)	마 중	(×)	나머지	(○)	나 머지	(×)
낚시질	(○)	낚시 질	(×)	이까짓	(○)	이 까짓	(×)
꾸준히	(○)	꾸준 히	(×)	저희	(○)	저 희	(×)
출렁거리다	(○)	출렁 거리다	(×)	남기다	(○)	남 기다	(×)
아름답다	(○)	아름 답다	(×)	출렁대다	(○)	출렁 대다	(×)
넘어뜨리다	(○)	넘어 뜨리다	(×)	높다랗다	(○)	높다 랗다	(×)
돌리다	(○)	돌 리다	(×)	자랑스럽다	(○)	자랑 스럽다	(×)
먹이다	(○)	먹 이다	(×)	사라지다	(○)	사라 지다	(×)
밀치다	(○)	밀 치다	(×)	운동하다	(○)	운동 하다	(×)
잡히다	(○)	잡 히다	(×)	지혜롭다	(○)	지혜 롭다	(×)

 <보기>처럼 겹낱말에 O표, 겹낱말이 아닌 것에 ×표 하세요.

씨름꾼 ( )	씨름 꾼 ( )	시골내기 ( )	시골 내기 ( )
가난 뱅이 ( )	가난뱅이 ( )	쌍 둥이 ( )	쌍둥이 ( )
굵다 랗다 ( )	굵다랗다 ( )	꾀 보 ( )	꾀보 ( )
욕심쟁이 ( )	욕심 쟁이 ( )	진짜배기 ( )	진짜 배기 ( )
나무 들 ( )	나무들 ( )	넘 치다 ( )	넘치다 ( )
바가지 ( )	바 가지 ( )	심술꾸러기 ( )	심술 꾸러기 ( )
짐 꾼 ( )	짐꾼 ( )	심술쟁이 ( )	심술 쟁이 ( )
유기 장이 ( )	유기장이 ( )	보통내기 ( )	보통 내기 ( )
막 둥이 ( )	막둥이 ( )	넘어 트리다 ( )	넘어트리다 ( )
얼음 ( )	얼 음 ( )	겨우내 ( )	겨우 내 ( )
놓치다 ( )	놓 치다 ( )	톱질 ( )	톱 질 ( )
넓이 ( )	넓 이 ( )	가난 뱅이 ( )	가난뱅이 ( )
얼개 ( )	얼 개 ( )	말하기 ( )	말 하기 ( )
오뚝이 ( )	오 뚝이 ( )	배불뚝이 ( )	배불 뚝이 ( )
약속하다 ( )	약속 하다 ( )	송아지 ( )	송 아지 ( )
잠꾸러기 ( )	잠 꾸러기 ( )	사기 꾼 ( )	사기꾼 ( )
공부하다 ( )	공부 하다 ( )	춤꾼 ( )	춤 꾼 ( )
너희 ( )	너 희 ( )	점쟁이 ( )	점 쟁이 ( )
울보 ( )	울 보 ( )	걸 음 ( )	걸음 ( )
깜빡이 ( )	깜빡 이 ( )	위반 하다 ( )	위반하다 ( )
구경하다 ( )	구경 하다 ( )	복 스럽다 ( )	복스럽다 ( )
여름내 ( )	여름 내 ( )	마음 껏 ( )	마음껏 ( )
훌쩍이다 ( )	훌쩍 이다 ( )	급 히 ( )	급히 ( )
느긋이 ( )	느긋 이 ( )	높이 ( )	높 이 ( )
장난 꾸러기 ( )	장난꾸러기 ( )	바동 거리다 ( )	바동거리다 ( )
차근차근 하다 ( )	차근차근하다 ( )	걱정스럽다 ( )	걱정 스럽다 ( )
울퉁불퉁 하다 ( )	울퉁불퉁하다 ( )	머뭇거리다 ( )	머뭇 거리다 ( )

덮개	( )	덮 개	( )	구하다	( )	구 하다	( )
일꾼	( )	일 꾼	( )	정답다	( )	정 답다	( )
넉넉 히	( )	넉넉히	( )	구경 꾼	( )	구경꾼	( )
믿음	( )	믿 음	( )	힘 껏	( )	힘껏	( )
먹보	( )	먹 보	( )	살림살이	( )	살림 살이	( )
좁 히다	( )	좁히다	( )	글썽 이다	( )	글썽이다	( )
바느질	( )	바느 질	( )	그까 짓	( )	그까짓	( )
끝 내	( )	끝내	( )	정성 껏	( )	정성껏	( )
틈틈 이	( )	틈틈이	( )	향기 롭다	( )	향기롭다	( )
슬기롭다	( )	슬기 롭다	( )	쉽 사리	( )	쉽사리	( )
반짝 이다	( )	반짝이다	( )	건방 지다	( )	건방지다	( )
바동바동하다	( )	바동바동 하다	( )	분명 하다	( )	분명하다	( )
울긋불긋하다	( )	울긋불긋 하다	( )	높이다	( )	높 이다	( )
자랑 스럽다	( )	자랑스럽다	( )	넘실거리다	( )	넘실 거리다	( )
욕심꾸러기	( )	욕심 꾸러기	( )	두근거리다	( )	두근 거리다	( )

아래의 뒷가지가 들어가는 낱말을 찾아 써 보세요.

-개	덮개, 마개, 따개, 지우개, 오줌싸개, 날개

-꾼	사냥꾼,

-둥이	귀염둥이,

-뱅이	가난뱅이,

-쟁이	욕심쟁이,
-장이	미장이,
-질	낚시질,
-꾸러기	잠꾸러기,
-뜨리다	깨뜨리다,
-답다	정답다,
-치다	밀치다,
-대다	출렁대다,
-스럽다	자랑스럽다,
-랗다	파랗다,
-지다	사라지다,
-롭다	슬기롭다,

띄어쓰기 규칙
11

더 알아 두면 좋은
띄어쓰기

알아 두면 좋아요

 수를 쓸 때는 만(네 자리) 단위로 구별해서 띄어쓰기로 약속했기 때문에 만, 억, 조, 경 단위에서 띄어 씁니다. 단, 돈을 적을 때는 붙여 씁니다.

> 예 12억 ∨ 3456만 ∨ 7890
> 12억3456만7890원

 이름씨(명사)는 '해', '사람', '풀'과 같은 두루이름씨(보통명사)와 '이순신', '백두산', '한강'과 같은 홀로이름씨(고유명사)로 나눕니다.
홀로이름씨는 띄어쓰기, 붙여 쓰기가 모두 되지만 산 이름, 강 이름, 바다 이름은 이미 하나의 낱말로 봐서 붙여 쓰기만 됩니다.

> 예 양쯔강, 나일강, 에베레스트산

 옛날 한자 이름 책은 띄어쓰기가 별로 필요하지 않아서 붙여 쓰고, 요즘 나오는 영화나 책은 띄어습니다.

> 예 《자산어보》, 《목민심서》 / 《몽실 ∨ 언니》

1 수를 쓸 때는 **만 단위**로 띄어 써요

수를 쓸 때는 만(네 자리) 단위로 구별해서 띄어쓰기로 약속했기 때문에 만, 억, 조, 경 단위에서 띄어 씁니다. 단, 돈을 적을 때는 붙여 씁니다.

〈보기〉

35억3456만2543														
35	억	∨	34	56	만	∨	25	43						

오억삼천사백이십사만칠천오백사십이원														
오	억	삼	천	사	백	이	십	사	만	칠	천	오	백	사	십	이	원

 〈보기〉처럼 바르게 띄어 써 보세요.

45억1234만4567

삼천이백삼십사만이천오백오십구

삼십사조이천오백구십만오천삼백구십팔원

2 홀로이름씨

홀로이름씨(고유명사)는 낱말마다 띄어 써도 되고 붙여 써도 됩니다.
하지만 산 이름, 강 이름, 바다 이름은 반드시 붙여 씁니다.

〈보기〉

스승의날 (O)   스승의 V 날 (O)

서종 V 초등학교 V 일 V 학년 V 이 V 반 (O)

서종초등학교 V 일학년 V 이반 (O)

서종초등학교일학년이반 (X)

백두산 (O)   백두 V 산 (X)

 〈보기〉처럼 바르게 띄어 쓴 것에 O표 하고, 잘못 띄어 쓴 것에 ×표 하세요.

서종 중학교 ( )

서종 중학교 일 학년 ( )

서종중학교 일학년 ( )

서종중학교일학년 ( )

| 세 | 계 | 물 | 의 | 날 | ( ) | 세 | 계 | 물 | 의 | 날 | ( )

| 가 | 정 | 의 | 날 | ( ) | 가 | 정 | 의 | 날 | ( )

| 신 | 나 | 는 | 노 | 래 | 방 | ( ) | 신 | 나 | 는 | 노 | 래 | 방 | ( )

| 에 | 베 | 레 | 스 | 트 | 산 | ( ) | 에 | 베 | 레 | 스 | 트 | 산 | ( )

| 태 | 백 | 산 | 맥 | ( ) | 태 | 백 | 산 | 맥 | ( )

| 국 | 경 | 없 | 는 | 의 | 사 | 회 | ( )
| 국 | 경 | 없 | 는 | 의 | 사 | 회 | 한 | 국 | 지 | 부 | ( )

| 지 | 리 | 산 | ( ) | 지 | 리 | 산 | ( )

| 나 | 주 | 평 | 야 | ( ) | 나 | 주 | 평 | 야 | ( )

| 사 | 하 | 라 | 사 | 막 | ( ) | 사 | 하 | 라 | 사 | 막 | ( )

3 책 이름

옛날에 지어진 한자 이름의 책은 붙여 쓰지만, 요즘 나오는 영화나 책 제목은 띄어 씁니다.

<보기>

| 목 | 민 | 심 | 서 | (○) | 목 | 민 | ∨ | 심 | 서 | (×) |

| 세 | 종 | 실 | 록 | (○) | 세 | 종 | ∨ | 실 | 록 | (×) |

| 신 | 과 | 함 | 께 | (×) | 신 | 과 | ∨ | 함 | 께 | (○) |

| 강 | 아 | 지 | 똥 | (×) | 강 | 아 | 지 | ∨ | 똥 | (○) |

 <보기>처럼 바르게 띄어 쓴 것에 ○표 하고, 잘못 띄어 쓴 것에 ×표 하세요.

| 용 | 비 | 어 | 천 | 가 | ( )   용 | 비 | 어 | | 천 | 가 | ( ) |

| 바 | 람 | 과 | 함 | 께 | 사 | 라 | 지 | 다 | ( ) |

| 바 | 람 | 과 | | 함 | 께 | | 사 | 라 | 지 | 다 | ( ) |

| 걸 | 리 | 버 | | 여 | 행 | 기 | ( )   걸 | 리 | 버 | 여 | 행 | 기 | ( ) |

| 태 | 종 | 실 | 록 | ( ) | 태 | 종 | | 실 | 록 | ( )

| 훈 | 민 | 정 | 음 | 해 | 례 | 본 | ( )
| 훈 | 민 | 정 | 음 | | 해 | 례 | 본 | ( )

| 오 | 페 | 라 | 의 | 유 | 령 | ( ) | 오 | 페 | 라 | 의 | | 유 | 령 | ( )

| 경 | 국 | 대 | 전 | ( ) | 경 | 국 | | 대 | 전 | ( )

| 농 | 사 | 직 | 설 | ( ) | 농 | 사 | | 직 | 설 | ( )

| 로 | 마 | 의 | 휴 | 일 | ( ) | 로 | 마 | 의 | | 휴 | 일 | ( )

| 몽 | 실 | 언 | 니 | ( ) | 몽 | 실 | | 언 | 니 | ( )

| 무 | 구 | 정 | 광 | 대 | 다 | 라 | 니 | 경 | ( )
| 무 | 구 | 정 | 광 | | 대 | | 다 | 라 | 니 | 경 | ( )

정답

정답

띄어쓰기 규칙 1
낱말과 낱말은 띄어 써요

1 이름씨 낱말 13쪽

눈귀코입이마등배다리								
눈	귀	코	입	이 마	등	배	다 리	

파리벌나비풍뎅이모기잠자리								
파 리	벌	나 비	풍 뎅 이	모 기	잠 자 리			

엄마누나아빠할머니동생오빠								
엄 마	누 나	아 빠	할 머 니	동 생	오 빠			

사자코끼리호랑이곰고래토끼								
사 자	코 끼 리	호 랑 이	곰	고 래	토 끼			

2 움직씨 낱말 14쪽

먹다입다자다오다쓰다뛰다								
먹 다	입 다	자 다	오 다	쓰 다	뛰 다			

숨쉬다기다리다그리다멈추다								
숨 쉬 다	기 다 리 다	그 리 다	멈 추 다					

마르다불다쬐다자라다뜨다								
마 르 다	불 다	쬐 다	자 라 다	뜨 다				

보다듣다서다먹다밀다주다								
보 다	듣 다	서 다	먹 다	밀 다	주 다			

3 그림씨 낱말 15쪽

아프다좋다예쁘다아름답다								
아 프 다	좋 다	예 쁘 다	아 름 답 다					

파랑다노랑다빨갛다검다하얗다								
파 랑 다	노 랑 다	빨 갛 다	검 다	하 얗 다				

있다없다같다다르다낫다								
있 다	없 다	같 다	다 르 다	낫 다				

빠르다높다낮다길다무겁다								
빠 르 다	높 다	낮 다	길 다	무 겁 다				

4 어찌씨 낱말 16쪽

만일함께훨씬아까어서별로								
만 일	함 께	훨 씬	아 까	어 서	별 로			

사뿐사뿐졸졸아장아장푸드득								
사 뿐 사 뿐	졸 졸	아 장 아 장	푸 드 득					

그리고그러나따라서그러므로								
그 리 고	그 러 나	따 라 서	그 러 므 로					

멀리가장제대로빨리천천히								
멀 리	가 장	제 대 로	빨 리	천 천 히				

5 홑낱말 17쪽

손바닥돼지코소리치다사랑								
손	바 닥	돼 지	코	소 리	치 다	사 랑		

노래하다꾸밈없다마음먹다								
노 래	하 다	꾸 밈	없 다	마 음	먹 다			

파도치다마음놓다봄바람손								
파 도	치 다	마 음	놓 다	봄	바 람	손		

마당발기와집좀더돌다리								
마 당	발	기 와	집	좀	더	돌	다 리	

6 겹낱말 18쪽

손바닥돼지코소리치다사랑스럽다								
손 바 닥	돼 지 코	소 리 치 다	사 랑 스 럽 다					

노래하다꾸밈없다마음먹다비빔밥								
노 래 하 다	꾸 밈 없 다	마 음 먹 다	비 빔 밥					

파도치다마음놓다봄바람손금								
파 도 치 다	마 음 놓 다	봄 바 람	손 금					

마당발기와집돌다리오래오래								
마 당 발	기 와 집	돌 다 리	오 래 오 래					

가로세로 낱말퍼즐 19쪽

	깜	찍	이		살	
	깜		올	림	머	리	심
개	나	리		살		술
	라		고	양	이		말	대	꾸
				가					러
큰	집		흰	죽			구		기
	게			한	여	름			
	손		쌍			사	랑	니
	가	래	떡		새		다
	락		잎		순	우	리	말

2 띄어쓰기 규칙 2
토씨는 앞 말에 붙여 써요

1 자리토씨 23~24쪽

호랑이가먹이를쫓는다.
| 호 | 랑 | 이 | 가 | | 먹 | 이 | 를 | | 쫓 | 는 | 다 | . |

영희야할머니께서집으로가셨다.
| 영 | 희 | 야 | | 할 | 머 | 니 | 께 | 서 | | 집 | 으 | 로 | | 가 | 셨 | 다 | . |

누가바다에서소금을만드는것일까?
| 누 | 가 | | 바 | 다 | 에 | 서 | | 소 | 금 | 을 | | 만 | 드 | 는 | | 것 | 일 | 까 | ? |

파란고추가빨갛게익어가고있다.
| 파 | 란 | | 고 | 추 | 가 | | 빨 | 갛 | 게 | | 익 | 어 | | 가 | 고 | | 있 | 다 | . |

해님이동쪽하늘에서솟아오른다.
| 해 | 님 | 이 | | 동 | 쪽 | | 하 | 늘 | 에 | 서 | | 솟 | 아 | 오 | 른 | 다 | . |

철이가가방을메고학교로간다.
| 철 | 이 | 가 | | 가 | 방 | 을 | | 메 | 고 | | 학 | 교 | 로 | | 간 | 다 | . |

저기도둑을쫓는사람이경찰이다.
| 저 | 기 | | 도 | 둑 | 을 | | 쫓 | 는 | | 사 | 람 | 이 | | 경 | 찰 | 이 | 다 | . |

낱말 놀이 24쪽
- 내 동생은 나보다 ((덩치) / 등치)가 큽니다.
- 강아지 눈에 ((눈곱) / 눈꼽)이 끼었어요.

2 이음토씨 25~26쪽

한라산과지리산은높은산이다.
| 한 | 라 | 산 | 과 | | 지 | 리 | 산 | 은 | | 높 | 은 | | 산 | 이 | 다 | . |

산이며바다며모두오염되었다.
| 산 | 이 | 며 | | 바 | 다 | 며 | | 모 | 두 | | 오 | 염 | 되 | 었 | 다 | . |

철수랑보미랑어릴때부터친구이다.
| 철 | 수 | 랑 | | 보 | 미 | 랑 | | 어 | 릴 | | 때 | 부 | 터 | | 친 | 구 | 이 | 다 | . |

바다에는멸치와오징어가산다.
| 바 | 다 | 에 | 는 | | 멸 | 치 | 와 | | 오 | 징 | 어 | 가 | | 산 | 다 | . |

천둥에다번개까지몰아쳤다.
| 천 | 둥 | 에 | 다 | | 번 | 개 | 까 | 지 | | 몰 | 아 | 쳤 | 다 | . |

총이며칼이며모두없애야한다.
| 총 | 이 | 며 | | 칼 | 이 | 며 | | 모 | 두 | | 없 | 애 | 야 | | 한 | 다 | . |

고기에다나물에다실컷먹었다.
| 고 | 기 | 에 | 다 | | 나 | 물 | 에 | 다 | | 실 | 컷 | | 먹 | 었 | 다 | . |

이제는나도너와함께학교에간다.
| 이 | 제 | 는 | | 나 | 도 | 너 | 와 | | 함 | 께 | | 학 | 교 | 에 | | 간 | 다 | . |

형이랑동생이랑함께영화를본다.
| 형 | 이 | 랑 | | 동 | 생 | 이 | 랑 | | 함 | 께 | | 영 | 화 | 를 | | 본 | 다 | . |

3 도움토씨 27~28쪽

너도학생이고보미도학생이다.
| 너 | 도 | | 학 | 생 | 이 | 고 | | 보 | 미 | 도 | | 학 | 생 | 이 | 다 | . |

오늘은날씨도화창하고따뜻하다.
| 오 | 늘 | 은 | | 날 | 씨 | 도 | | 화 | 창 | 하 | 고 | | 따 | 뜻 | 하 | 다 | . |

이는튼튼한데잇몸이아픕니다.
| 이 | 는 | | 튼 | 튼 | 한 | 데 | | 잇 | 몸 | 이 | | 아 | 픕 | 니 | 다 | . |

하루만실컷놀면좋겠다.
| 하 | 루 | 만 | | 실 | 컷 | | 놀 | 면 | | 좋 | 겠 | 다 | . |

목이마른데물이나한잔마실까?
| 목 | 이 | | 마 | 른 | 데 | | 물 | 이 | 나 | | 한 | | 잔 | | 마 | 실 | 까 | ? |

이제는공기마저오염되었다.
| 이 | 제 | 는 | | 공 | 기 | 마 | 저 | | 오 | 염 | 되 | 었 | 다 | . |

곰은커녕새끼도하나안보인다.
| 곰 | 은 | 커 | 녕 | | 새 | 끼 | 도 | | 하 | 나 | | 안 | | 보 | 인 | 다 | . |

정답

휴일마다일찍산으로올라간다.							
휴일마다		일찍	산으로		올라간다.		

라면도먹고밥까지먹었다.							
라면도		먹고		밥까지		먹었다.	

가로세로 낱말퍼즐 29쪽

(낱말퍼즐 그림)

3 띄어쓰기 규칙 3
성과 이름은 붙여 써요

1 한 글자 성 33쪽

김	연	아	박	세	리	손	흥	민	박	지	성
김연아			∨ 박세리			∨ 손흥민			∨ 박지성		

조	용	필	유	재	석	김	병	만	조	정	석
조용필			∨ 유재석			∨ 김병만			∨ 조정석		

을	지	문	덕	강	감	찬	연	개	소	문	
을지문덕				∨ 강감찬			∨ 연개소문				

2 두 글자 성 34쪽

선	우	용	녀
선 우용녀 (×) 선우용녀 (○) 선우 용녀 (○)			

독	고	영	재
독고 영재 (○) 독고영재 (○) 독 고영재 (×)			

3 호 또는 자 35쪽

| 다 | 산 | ∨ | 정 | 약 | 용 | → | 정 | 다 | 산 |

| 추 | 사 | ∨ | 김 | 정 | 희 | → | 김 | 추 | 사 |

| 난 | 설 | 헌 | ∨ | 허 | 초 | 희 | → | 허 | 난 | 설 | 헌 |

| 백 | 범 | ∨ | 김 | 구 | → | 김 | 백 | 범 |

4 띄어쓰기 규칙 4
이름과 호칭은 띄어 써요

1 호칭 39~40쪽

김은식씨	→	김은식	씨
김씨	→	김	씨
홍길동님	→	홍길동	님
길동님	→	길동	님
황석영옹	→	황석영	옹
박양	→	박	양
용필군	→	용필	군
서울삼촌	→	서울	삼촌
유재석아저씨	→	유재석	아저씨
아이유아가씨	→	아이유	아가씨
한여름양	→	한여름	양
막내이모	→	막내	이모
김자현님	→	김자현	님

2 맡은 일을 나타내는 말 42쪽

| 을지문덕장군님 | → | 을지문덕 | 장군님 |

장그래부장	→	장그래 부장
안중근의사	→	안중근 의사
박종철열사	→	박종철 열사
이한주판사	→	이한주 판사
김영란교수	→	김영란 교수

낱말 놀이 42쪽

- 재현이는 책상에 (**엎드려** / 업드려) 자고 있는 누나를 깨웠어요.
- 가방을 (**메고** / 매고) 학교에 갑니다.

❸ 호와 이름 43쪽

난설헌허초희	→	난설헌 허초희
성웅이순신장군	→	성웅 이순신 장군
사임당신인선	→	사임당 신인선
다산정약용	→	다산 정약용

5 띄어쓰기 규칙 5
단위를 나타내는 말은 띄어 써요

❶ 단위를 나타내는 말 47~50쪽

포도주다섯통	→	포도주 다섯 통
외국인일곱사람	→	외국인 일곱 사람
풀한포기	→	풀 한 포기
모래한줌	→	모래 한 줌
참기름일곱병	→	참기름 일곱 병
비빔밥열그릇	→	비빔밥 열 그릇

우유다섯잔	→	우유 다섯 잔
밀가루두봉지	→	밀가루 두 봉지
콩다섯자루	→	콩 다섯 자루
콩세알	→	콩 세 알
쑥아홉소쿠리	→	쑥 아홉 소쿠리
장미꽃여덟송이	→	장미꽃 여덟 송이
보리열한가마니	→	보리 열한 가마니
물두바가지	→	물 두 바가지
맥주한컵	→	맥주 한 컵
딸기세바구니	→	딸기 세 바구니
나무한그루	→	나무 한 그루
돼지고기두근	→	돼지고기 두 근
비행기열두대	→	비행기 열두 대
기와집다섯채	→	기와집 다섯 채
밤열세톨	→	밤 열세 톨
거북선열두척	→	거북선 열두 척
김치찌개두냄비	→	김치찌개 두 냄비
사과일곱광주리	→	사과 일곱 광주리
좁쌀다섯말	→	좁쌀 다섯 말
도화지네장	→	도화지 네 장
보리밥한술	→	보리밥 한 술
물한모금	→	물 한 모금
순금일곱돈	→	순금 일곱 돈
고무신한켤레	→	고무신 한 켤레
조기한손	→	조기 한 손
연필열두자루	→	연필 열두 자루
국수한사리	→	국수 한 사리

정답

오징어 한 축	→	오징어 한 축
열 무 열 단	→	열무 열 단
김 다섯 톳	→	김 다섯 톳

| 배추 5포기 (○) | 배추 다섯포기 (×) |
| 연필 3자루 (○) | 연필 세 자루 (○) |

2 차례를 나타낼 때 51쪽

- 삼학년이반 (×)   삼학년 이반 (○)
- 삼 학년 이 반 (○)
- 헌법 제삼장 십조 (○)
- 헌법 제 삼장 십조 (×)
- 헌법 제 삼 장 십 조 (○)
- 백회 졸업식 (○)   백 회 졸업식 (○)

3 아라비아 숫자 뒤 52~53쪽

- 세종로 34번지 (○)
- 을지로 21번지 (○)
- 참기름 20병 (○)
- 들기름 스무병 (×)
- 이십킬로미터 (×)   20킬로미터 (○)
- 열한 명 (○)   열 한명 (×)   11명 (○)
- 천구백사십오년 (○)   1945년 (○)
- 천구백사십오 년 (○)
- 나무 한그루 (×)   나무 1그루 (○)
- 자동차 스무대 (×)
- 자동차 20대 (○)   자동차 20 대 (○)
- 여덟시 십일분 (○)
- 8시 11분 (○)   8 시 11 분 (○)
- 국수 11그릇 (○)
- 국수 열한 그릇 (○)

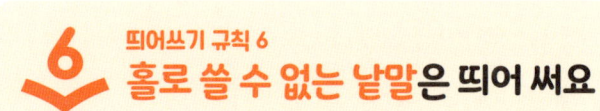

6 띄어쓰기 규칙 6
홀로 쓸 수 없는 낱말은 띄어 써요

1 홀로 쓸 수 없는 낱말 58~59쪽

다음번면담은너야.
| 다음 | 번 | 면담은 | 너야. |

용문산에두번가봤다.
| 용문산에 | 두 | 번 | 가 | 봤다. |

떠난지엿새만에소식이왔다.
| 떠난 | 지 | 엿새 | 만에 | 소식이 | 왔다. |

술은몸에안좋은것이다.
| 술은 | 몸에 | 안 | 좋은 | 것이다. |

그럴수도있지.
| 그럴 | 수도 | 있지. |

모두구경만할뿐아무도안말려.
| 모두 | 구경만 | 할 | 뿐 | 아무도 | 안 | 말려. |

욕을했기때문에싸웠어.
| 욕을 | 했기 | 때문에 | 싸웠어. |

그냥할뿐이야.
| 그냥 | 할 | 뿐이야. |

좋을대로생각해.
| 좋을 | 대로 | 생각해. |

주는만큼받는거야.
| 주는 | 만큼 | 받는 | 거야. |

도대체 몇번을 말해야겠니? (×)
도대체 몇 번을 말해야겠니? (○)

놀다 보면 다칠수도 있잖아. (×)
놀다 보면 다칠 수도 있잖아. (○)

너 때문에 힘들었어.	(○)
너때문에 힘들었어.	(×)

오늘은 먹을것이 많아서 좋아.	(×)
오늘은 먹을 것이 많아서 좋아.	(○)

너라면 할수 있을 거야.	(×)
너라면 할 수 있을 거야.	(○)

어찌할 바를 몰랐다.	(○)
어찌할바를 몰랐다.	(×)

산낙지를 먹을 줄 안다.	(○)
산낙지를 먹을줄 안다.	(×)

잘 모르면서 아는 체는 왜 하니?	(○)
잘 모르면서 아는체는 왜 하니?	(×)

야, 너 잘난척 하지마!	(×)
야, 너 잘난 척 하지 마!	(○)

춤을 추다가 그대로 멈춰라!	(○)
춤을 추다가 그 대로 멈춰라!	(×)

내가 너만큼은 한다.	(○)
내가 너 만큼은 한다.	(×)

나오는 것은 눈물뿐이다.	(○)
나오는 것은 눈물 뿐이다.	(×)

그 영화는 어른 만 볼 수 있다.	(×)
그 영화는 어른만 볼 수 있다.	(○)

엄마를 하늘만큼 사랑해.	(○)
엄마를 하늘 만큼 사랑해.	(×)

❷ 쓰임이 달라질 때 60~61쪽

예쁜꽃을꺾지마시오.
예쁜 꽃을 꺾지 마시오.

나는너만사랑해.
나는 너만 사랑해.

기다리는수밖에없어.
기다리는 수밖에 없어.

먹을것은감자뿐이다.
먹을 것은 감자뿐이다.

내가너만큼은한다.
내가 너만큼은 한다.

잔디밭에 들어가지 마시오!	(○)
잔디밭에 들어가 지 마시오!	(×)

띄어쓰기 규칙 7
7 이어 주는 낱말은 띄어 써요

❶ 이어 주는 말 66쪽

기차또는버스 → 기차 또는 버스

책상및의자 → 책상 및 의자

짜장면대짬뽕 → 짜장면 대 짬뽕

백내지이백 → 백 내지 이백

비또는눈 → 비 또는 눈

집혹은학교 → 집 혹은 학교

❷ 늘어놓는 말 68쪽

장미튤립백합등 → 장미 튤립 백합 등

밭이나논등지 → 밭이나 논 등지

대만일본괌등지 → 대만 일본 괌 등지

정답

| 구름하늘땅등등 | → | 구름 | 하늘 | 땅 | 등등 |
| 마늘파양파따위 | → | 마늘 | 파 | 양파 | 따위 |

③ 앞가지로 쓰일 때 69쪽

| 대북한전략 | → | 대북한 | 전략 |
| 대국민담화문 | → | 대국민 | 담화문 |

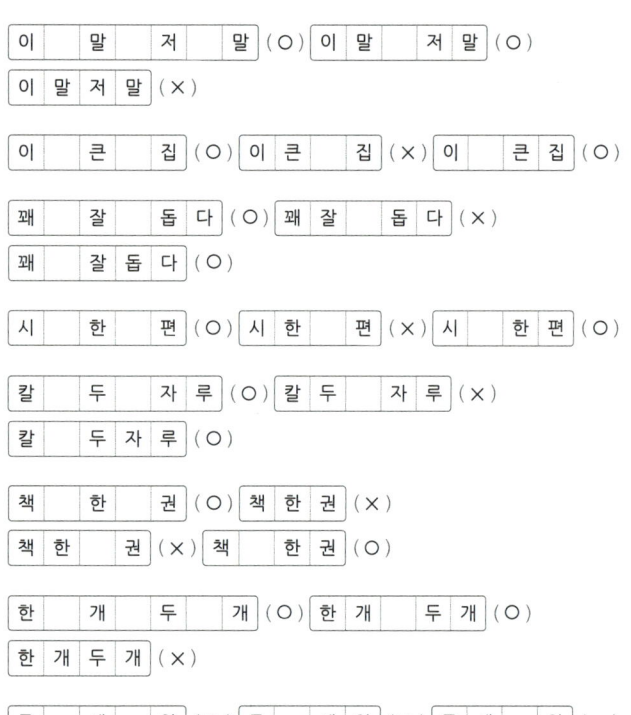

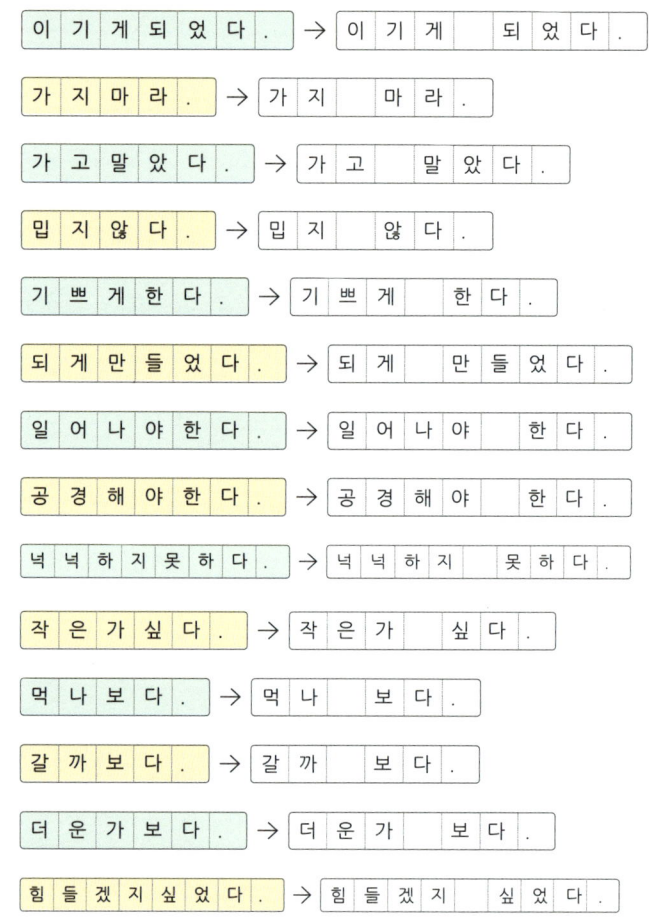

③ 꼭 붙여 써야 하는 **도움풀이말** 89쪽

이루어진다. (O)	이루어 진다. (X)
써진다. (O)	써 진다. (X)
예뻐진다. (O)	예뻐 진다. (X)

한 걸음 더! **풀이말 띄어쓰기** 90~91쪽

1. 내키지않아하다. → 내키지 않아 하다.
2. 먹어도보았다. → 먹어도 보았다.
   올듯도싶다. → 올 듯도 싶다.
3. 빛내준다. (O) 빛내 준다. (O)
   빛나보인다. (O) 빛나 보인다. (O)
4. 잃어가고있다. → 잃어 가고 있다.
   → 잃어가고 있다.

10 띄어쓰기 규칙 10
겹낱말은 붙여 써요

① 이름씨 겹낱말 95~96쪽

미역국 (O)	오이국 (X)	첫봄 (O)	끝봄 (X)
가는허리 (O)	굵은허리 (X)	겉모양 (O)	안모양 (X)
또다시 (O)	또하나 (X)	마른빨래 (O)	젖은빨래 (X)
염소수염 (O)	토끼수염 (X)	새마을 (O)	헌마을 (X)
불장난 (O)	모래장난 (X)	이야깃거리 (O)	공부거리 (X)
촌사람 (O)	도시사람 (X)	시금치무침 (O)	당근무침 (X)
돼지코 (O)	토끼코 (X)	소코 (X)	코끼리코 (X)
사자코 (O)	호랑이코 (X)	사슴코 (X)	말코 (O)
개코 (O)	여우코 (X)	도끼눈 (O)	망치눈 (X)
돼지눈 (O)	토끼눈 (X)	굵은소금 (O)	굵은설탕 (X)
코끼리다리 (X)	닭다리 (O)	입마개 (O)	입가리개 (X)
사탕막대 (X)	막대사탕 (O)	나무줄기 (O)	줄기나무 (X)
쇠막대 (O)	나무막대 (O)	쇠도끼 (O)	나무도끼 (X)
나무집 (O)	지푸라기집 (X)	마른하늘 (O)	젖은하늘 (X)
밤하늘 (O)	낮하늘 (X)	녹두가루 (X)	메밀가루 (O)
기름옷 (O)	튀김옷 (O)	세모꼴 (O)	별꼴 (O)
비옷 (O)	눈옷 (O)	책가방 (O)	보조가방 (X)
천가방 (X)	가죽가방 (O)	굳은살 (O)	무른살 (X)
신발주머니 (O)	물체주머니 (X)	찻주전자 (O)	커피주전자 (X)
찻잔 (O)	커피잔 (X)	콩나물밥 (O)	무나물밥 (X)
시골사람 (X)	촌사람 (O)	밤알 (O)	도토리알 (X)
물안개 (O)	강안개 (X)	쥐구멍 (O)	고양이구멍 (X)
골목 (O)	길목 (O)	감자농사 (O)	벼농사 (O)
강아지굴 (X)	토끼굴 (O)	새해 (O)	새학기 (O)
첫출발 (O)	첫시험 (X)	나팔꽃 (O)	해바라기꽃 (X)

129

정답

분홍꽃	(O)	다홍꽃	(X)
밀가루	(O)	감자가루	(X)
가래떡	(O)	조랭이떡	(X)
꽈배기빵	(X)	꽈배기엿	(O)
검지손가락	(O)	중지손가락	(X)
말장난	(O)	몸장난	(X)
작은동서	(O)	막내동서	(X)
막냇삼촌	(O)	막내이모	(X)

마음조심	(X)	몸조심	(O)
조랭이떡국	(O)	가래떡국	(X)
돼지고기	(O)	염소고기	(X)
집게손가락	(O)	집게발가락	(X)
개구리집	(X)	두꺼비집	(O)
막내아우	(O)	막내형	(X)
막내고모	(X)	큰고모	(O)
집고양이	(O)	집강아지	(X)

2 풀이말 겹낱말 97~98쪽

날아가다	(O)	끌고가다	(X)
지나가다	(O)	뚫고가다	(X)
걸어가다	(O)	기어가다	(O)
재미나다	(O)	흥미나다	(X)
마음먹다	(O)	마음놓다	(O)
물려받다	(O)	벌받다	(O)
쓸어버리다	(O)	깨버리다	(O)
몰라보다	(O)	몰라주다	(O)
몰아붙이다	(O)	밀어붙이다	(O)
다가서다	(O)	물러서다	(O)
못쓰다	(O)	안쓰다	(X)
못되다	(O)	못먹다	(X)
안되다	(O)	안먹다	(X)
끌어안다	(O)	얼싸안다	(O)
간곳없다	(O)	간데없다	(O)
빈틈없다	(O)	빠짐없다	(X)
어림없다	(O)	어이없다	(O)
밀려오다	(O)	밀려가다	(O)
손잡다	(O)	발잡다	(X)
알아채다	(O)	눈치채다	(O)
농사짓다	(O)	눈물짓다	(O)
소리치다	(O)	소리내다	(X)
잠자다	(O)	꿈꾸다	(O)
춤추다	(O)	물마시다	(X)
발맞추다	(O)	머리맞대다	(X)
가만있다	(O)	관계있다	(O)
때려치우다	(O)	집어치우다	(O)
값비싸다	(O)	값싸다	(O)
가로지르다	(O)	세로지르다	(X)
사이좋다	(O)	사이나쁘다	(X)
살아나다	(O)	죽어나다	(X)
길들이다	(O)	곁들이다	(O)
잡아먹다	(O)	집어먹다	(O)
얻어먹다	(O)	빼먹다	(O)

기어가다	(O)	타고가다	(X)
뒤따라가다	(O)	먼저나가다	(X)
값나가다	(O)	이어나가다	(O)
불티나다	(O)	불꽃나다	(X)
길들이다	(O)	물들이다	(O)
불러오다	(O)	불러내다	(O)
맛보다	(O)	먹어보다	(O)
불타다	(O)	불나다	(O)
벗삼다	(O)	친구삼다	(X)
다가앉다	(O)	물러앉다	(O)
비껴쓰다	(O)	집어쓰다	(O)
잘되다	(O)	잘자다	(X)
짜내다	(O)	빼내다	(O)
여지없다	(O)	영락없다	(O)
맛없다	(O)	맛있다	(O)
쓸데없다	(O)	쓸모없다	(O)
몰라주다	(O)	살려주다	(O)
멋있다	(O)	멋쩍다	(O)
사로잡다	(O)	움켜잡다	(O)
놔주다	(O)	내주다	(O)
한숨짓다	(O)	한숨쉬다	(O)
맛보다	(O)	떠보다	(O)
욕먹다	(O)	밥먹다	(X)
맞장구치다	(O)	장구치다	(O)
손쓰다	(O)	힘쓰다	(O)
올라타다	(O)	잡아타다	(O)
결론짓다	(O)	결론내다	(O)
밤낮없다	(O)	보잘것없다	(O)
되돌아오다	(O)	되돌아가다	(O)
넘겨보다	(O)	훑어보다	(O)
눈치채다	(O)	눈여겨보다	(O)
솟아나다	(O)	바닥나다	(O)
아랑곳없다	(O)	터무니없다	(O)
쥐어뜯다	(O)	물어뜯다	(O)

3 앞가지 겹낱말 105쪽

개나리	(O)	개 나리	(X)
맨주먹	(O)	맨 주먹	(X)
날고기	(O)	날 고기	(X)
민 소매	(X)	민소매	(O)
맏 이	(X)	맏이	(O)
시동생	(O)	시 동생	(X)
덧저고리	(O)	덧 저고리	(X)
한여름	(O)	한 여름	(X)
맏며느리	(O)	맏 며느리	(X)
알 몸뚱이	(X)	알몸뚱이	(O)
맨 몸	(X)	맨몸	(O)
군살	(O)	군 살	(X)
찰 거머리	(X)	찰거머리	(O)
애송이	(O)	애 송이	(X)
홀몸	(O)	홀 몸	(X)
풋사과	(O)	풋 사과	(X)
참기름	(O)	참 기름	(X)
헛 고생	(X)	헛고생	(O)
외나무다리	(O)	외나무 다리	(X)
드 세다	(X)	드세다	(O)
짓 누르다	(X)	짓누르다	(O)
헛 디디다	(X)	헛디디다	(O)
호주머니	(O)	호 주머니	(X)
외삼촌	(O)	외 삼촌	(X)
암수	(O)	암 수	(X)
군더더기	(O)	군 더더기	(X)
짓이기다	(O)	짓 이기다	(X)

덧 신	(X)	덧신	(O)
군 것질	(X)	군것질	(O)
선잠	(O)	선 잠	(X)
들국화	(O)	들 국화	(X)
돌 감	(X)	돌감	(O)
새파랗다	(O)	새 파랗다	(X)
날 강도	(X)	날강도	(O)
덧 대다	(X)	덧대다	(O)
한 겨울	(X)	한겨울	(O)
들 끓다	(X)	들끓다	(O)
맨 땅	(X)	맨땅	(O)
애호박	(O)	애 호박	(X)
풋고추	(O)	풋 고추	(X)
돌미나리	(O)	돌 미나리	(X)
홀아비	(O)	홀 아비	(X)
한 길	(X)	한길	(O)
외마디	(O)	외 마디	(X)
알거지	(O)	알 거지	(X)
들쑤시다	(O)	들 쑤시다	(X)
민낯	(O)	민 낯	(X)
엿듣다	(O)	엿 듣다	(X)
치닫다	(O)	치 닫다	(X)
새까맣다	(O)	새 까맣다	(X)
헛 수고	(X)	헛수고	(O)
수 퇘지	(X)	수퇘지	(O)
시누이	(O)	시 누이	(X)
맏딸	(O)	맏 딸	(X)

4 뒷가지 겹낱말 109~110쪽

씨름꾼	(O)	씨름 꾼	(X)
가난 뱅이	(X)	가난뱅이	(O)
굵다 랗다	(X)	굵다랗다	(O)
욕심쟁이	(O)	욕심 쟁이	(X)
나무 들	(X)	나무들	(O)
바가지	(O)	바 가지	(X)
짐 꾼	(X)	짐꾼	(O)
유기 장이	(X)	유기장이	(O)
막 둥이	(X)	막둥이	(O)
얼음	(O)	얼 음	(X)
놓치다	(O)	놓 치다	(X)
넓이	(O)	넓 이	(X)
얼개	(O)	얼 개	(X)
오뚝이	(O)	오 뚝이	(X)
약속하다	(O)	약속 하다	(X)
잠꾸러기	(O)	잠 꾸러기	(X)
공부하다	(O)	공부 하다	(X)
너희	(O)	너 희	(X)
울보	(O)	울 보	(X)
깜빡이	(O)	깜빡 이	(X)

시골내기	(O)	시골 내기	(X)
쌍 둥이	(X)	쌍둥이	(O)
꾀 보	(X)	꾀보	(O)
진짜배기	(O)	진짜 배기	(X)
넘 치다	(X)	넘치다	(O)
심술꾸러기	(O)	심술 꾸러기	(X)
심술쟁이	(O)	심술 쟁이	(X)
보통내기	(O)	보통 내기	(X)
넘어 트리다	(X)	넘어트리다	(O)
겨우내	(O)	겨우 내	(X)
톱질	(O)	톱 질	(X)
가난 뱅이	(X)	가난뱅이	(O)
말하기	(O)	말 하기	(X)
배불뚝이	(O)	배불 뚝이	(X)
송아지	(O)	송 아지	(X)
사기 꾼	(X)	사기꾼	(O)
춤꾼	(O)	춤 꾼	(X)
점쟁이	(O)	점 쟁이	(X)
걸 음	(X)	걸음	(O)
위반 하다	(X)	위반하다	(O)

구경하다 (○)	구경 하다 (×)	복 스럽다 (×)	복스럽다 (○)
여름내 (○)	여름 내 (×)	마음 껏 (×)	마음껏 (○)
훌쩍이다 (○)	훌쩍 이다 (×)	급 히 (×)	급히 (○)
느긋이 (○)	느긋 이 (×)	높이 (○)	높 이 (×)
장난 꾸러기 (×)	장난꾸러기 (○)	바동 거리다 (×)	바동거리다 (○)
차근차근 하다 (×)	차근차근하다 (○)	걱정스럽다 (○)	걱정 스럽다 (×)
울퉁불퉁 하다 (×)	울퉁불퉁하다 (○)	머뭇거리다 (○)	머뭇 거리다 (×)
덮개 (○)	덮 개 (×)	구하다 (○)	구 하다 (×)
일꾼 (○)	일 꾼 (×)	정답다 (○)	정 답다 (×)
넉넉 히 (×)	넉넉히 (○)	구경 꾼 (×)	구경꾼 (○)
믿음 (○)	믿 음 (×)	힘 껏 (×)	힘껏 (○)
먹보 (○)	먹 보 (×)	살림살이 (○)	살림 살이 (×)
좁 히다 (×)	좁히다 (○)	글썽 이다 (×)	글썽이다 (○)
바느질 (○)	바느 질 (×)	그까 짓 (×)	그까짓 (○)
끝 내 (×)	끝내 (○)	정성껏 (×)	정성껏 (○)
틈틈 이 (×)	틈틈이 (○)	향기 롭다 (×)	향기롭다 (○)
슬기롭다 (○)	슬기 롭다 (×)	쉽 사리 (×)	쉽사리 (○)
반짝 이다 (×)	반짝이다 (○)	건방 지다 (×)	건방지다 (○)
바동바동하다 (○)	바동바동 하다 (×)	분명 하다 (×)	분명하다 (○)
울긋불긋하다 (○)	울긋불긋 하다 (×)	높이다 (○)	높 이다 (×)
자랑 스럽다 (×)	자랑스럽다 (○)	넘실거리다 (○)	넘실 거리다 (×)
욕심꾸러기 (○)	욕심 꾸러기 (×)	두근거리다 (○)	두근 거리다 (×)

11 띄어쓰기 규칙 11
더 알아 두면 좋은 띄어쓰기

1 수를 쓸 때는 만 단위로 띄어 써요 115쪽

45억1234만4567								
45	억	12	34	만	45	67		

삼천이백삼십사만이천오백오십구											
삼	천	이	백	삼	십	사	만		이	천	오	백	오	십	구

삼십사조이천오백구십만오천삼백구십팔원														
삼	십	사	조	이	천	오	백	구	십	만	오	천	삼	백	구	십	팔	원

2 홀로이름씨 116~117쪽

서종		중학교		(○)
서종		중학교		일	학년	(○)
서종중학교				일학년		(○)
서종중학교일학년						(×)

3 책이름 118~119쪽

용비어천가 (○)	용비어 천가 (×)
바람과함께사라지다 (×)	
바람과 함께 사라지다 (○)	
걸리버 여행기 (○)	걸리버여행기 (×)
태종실록 (○)	태종 실록 (×)
훈민정음 해례본 (○)	
훈민정음 해례본 (×)	
오페라의 유령 (×)	오페라의 유령 (○)
경국대전 (○)	경국 대전 (×)
농사직설 (○)	농사 직설 (×)
로마의 휴일 (×)	로마의 휴일 (○)
몽실언니 (×)	몽실 언니 (○)
무구정광대다라니경 (○)	
무구정광대 다라니경 (×)	

세계 물의 날 (○)　세계 물의 날 (○)
가정의 날 (○)　가정의 날 (○)
신 나는 노래방 (○)　신 나는 노래방 (○)
에베레스트산 (○)　에베레스트 산 (×)
태백산맥 (○)　태백 산맥 (×)
국경없는 의사회 (○)
국경없는 의사회 한국지부 (×)
지리산 (○)　지리 산 (×)
나주평야 (○)　나주 평야 (×)
사하라사막 (○)　사하라 사막 (×)

문해력 기초를 확 잡아 주는 초등 띄어쓰기

1판 1쇄 발행일 2022년 2월 10일

지은이 김강수 신은경 조배식

그린이 김소희

펴낸이 김상원

펴낸곳 상상정원

출판등록 제2020-000141호(2020년 10월 19일)

주소 (05691)서울시 송파구 삼학사로 6길 33, 101호

전화 070-7793-0687

팩스 02-422-0687

전자우편 ss-garden@naver.com

ⓒ 김강수, 신은경, 조배식

ISBN 979-11-974703-2-5 73700

- 이 책은 저작권법에 따라 보호받는 저작물이므로 무단 전재와 무단 복제를 금합니다.
- 이 책의 일부 또는 전부를 재사용하려면 반드시 저작권자와 상상정원 양측의 동의를 받아야 합니다.
- 책값은 뒤표지에 표시되어 있습니다.

	품명 아동 도서	**제조년월** 2022년 2월 10일	**주의사항** 종이에 베거나 긁히지 않도록 조심하세요.
	사용연령 6세 이상	**제조자명** 상상정원	책 모서리가 날카로우니 던지거나 떨어뜨리지 마세요.
	제조국 대한민국	**연락처** 070-7793-0687	
	주소 서울시 송파구 삼학사로 6길 33, 101호		KC마크는 이 제품이 공통안전기준에 적합하였음을 의미합니다.